JN111133

366

日々のみことば

生きる力を得るために

服部　修

日本キリスト教団出版局

も ＊ く ＊ じ

日々のみことば

（『聖書 新共同訳』使用）

1／1

どうか我らを助け、敵からお救いください。人間の
与える救いはむなしいものです。　　（詩編60：13）

むなしい救いを求めてしまう弱さがあります。
そしてその愚かさに気づかない罪があります。
私を助けてくれるのは、ただ神のみ。
この告白に立つ者こそが救いの喜びの中で、
感謝をもって生きることができます。
与えられた新しい年も、人に救いを求めず、
ひたすらに主の救いの道を歩む者でありたいのです。

1／2

恐れるな、もはや恥を受けることはないから。うろ
たえるな、もはや辱められることはないから。

（イザヤ書54：4）

何度恐れるな、と告げられても、
恐れてしまう私たちがいます。
繰り返し、うろたえるなと励まされても、
うろたえてしまう私たちがいます。
目の前の出来事に翻弄され、
平安を失うことがしばしばあります。
それゆえに、それでも恐れるな、うろたえるな、と
語り続けてくださるお方がおられることに
私たちは希望を見いだすのです。

$\dfrac{1}{3}$ それなのに、お前はその美しさを頼みとし、自分の名声のゆえに姦淫を行った。

(エゼキエル書 16：15)

神から与えられた恵みを神のために使わず、自分のために使う状態を姦淫と預言者は指摘しました。

神のために用いるべきものを自分のために用いる罪が指摘されるとき、私たちは、自らを含め、誰ひとりとしてこの罪と無関係に生きている者はいないとわかります。

それゆえにこの罪を認め、悔い改めて生きることが、神に姦淫を犯さず、喜びをもって歩む道だと言えるのです。

$\dfrac{1}{4}$ 今日こそ主の御業の日。今日を喜び祝い、喜び躍ろう。 (詩編 118：24)

今日を喜ぶこと。

ここに私たちの幸いがあります。

しかし、今日を喜ぶには、

あまりにもさまざまな罪や苦痛が満ちています。

喜びたいと願っても、

喜べない日々もあります。

それでも信仰者は、今日主が共におられ、

今日も主の御業の日である、と信じるのです。

信じるゆえに、今日を喜ぶ者に変えられるのです。

1/5

あなたは心を尽くし、魂を尽くして、それを忠実に
守りなさい。 （申命記26：16）

私たちが心と魂を尽くして主の言葉に従うのは、
主御自身が私たちに対して心を尽くして愛し、
救い出してくださるからです。
その愛は、御子においてはっきりと示されました。
だから主の心からの愛と救いに対し、
私たちもまた心と魂を、そして体を尽くして、
主を愛し、主の言葉に従うのです。

1/6

なぜ、わたしと争うのか。なぜ、主を試すのか。

（出エジプト記17：2）

主を試す罪が人間にはあります。
主に対して従順であることが幸いであり、
恵みの道であるにもかかわらず、
主を試そうとする罪を犯します。
上から目線で主に祈り、
主に責任を転嫁する罪が抜きがたくあります。
その罪を悔い改めて主に従うことが、
喜びの道をもたらすのです。

$1\!\!\!/7$ わたしがあなたがたを愛したように、あなたがたも
互いに愛し合いなさい。　（ヨハネ 13：34）

互いに愛し合うことには「わたしがあなたがたを愛
　したように」との前提があります。
イエスさまは「互いに愛し合うよう頑張りなさい」
　とは言われませんでした。
むしろ、互いに愛し合うことに失敗し、挫折する者
　であることを御存知だからこそ、「わたしがあな
　たがを愛したように」と示してくださったのです。
このように、イエスさまに愛されているという信頼
　の上に、互いに愛し合う道があるのです。

$1\!\!\!/8$ あなたの慈しみは大きく、天に満ち　あなたのまこ
とは大きく、雲を覆います。　（詩編 57：11）

私たちは天に満ちるほどの慈しみに囲まれています。
だからこそ平安に生きることができます。
私たちは天を覆うほどのまことに支えられています。
だからこそ希望をもって生きることができます。
地にあって、平安と希望を見失わせる悲惨と罪の中
　に身を置き、生きざるを得ない私たちです。
しかし、満ち溢れるほどの慈しみとまことが導いて
　くださると信頼できるゆえに、私たちはなおも地
　にあって生きることができるのです。

1 / 9

わたしの若いときの罪と背きは思い起こさず　慈しみ深く、御恵みのために　主よ、わたしを御心に留めてください。　（詩編25：7）

罪と背きを思い起こされたなら、
主から見捨てられるべき私であることは、
間違いありません。
しかし、主は罪と背きを赦してくださるお方です。
その赦しを信頼し、赦しに感謝するとき、
罪を思い出さないでください、
赦された私を御心に留めてくださいと、
詩人のように祈ることができます。
この祈りに支えられて、私たちは赦された者として
生きることができるのです。

1 / 10

わたしの日々はあなたの書にすべて記されている　まだその一日も造られないうちから。

（詩編 139：16）

「私の人生が始まる前から主は私のことを知っている」。
この言葉の前で私たちが自らの人生をふり返るとき、苦しかった人生の日々に対して嘆きを覚え、「なぜですか」と訴えたくなることがあります。
しかし祈りつつそれらの日々を受け入れていくときに、「それでも知っている」との主の約束の声を聞きます。その約束の中にすべてにまさる慰めと信仰における希望を見いだすことができるのです。

1／11 人の心はわたしを死者のように葬り去り　壊れた器
と見なします。　（詩編31：13）

人から見て壊れた器のような者でも
神はそのようには見られません。
自分を見て壊れた器のようにみすぼらしく思えても
神は、そんなことはないと、告げてくださいます。
欠け多く、不完全で不自然な私であることを
自分自身が一番知っています。
それでもなお壊れた器ではなく、失われてはならな
　い器として私を見てくださる神がいます。
だから平安でいられるのです。

1／12 その人が悲しみに打ちのめされてしまわないように、
赦して、力づけるべきです。　（Ⅱコリント2：7）

赦すだけではなく、力づけよ、と勧められます。
自分を悲しませた者を赦そう、とはクリスチャンな
　ら誰でも思います。
しかしパウロは、赦して終わるのは中途半端である、
　力づけ、励ますようにと勧めます。
本当の愛は赦して終わるのではなく、赦された者が
　生き生きと立ち上がることを願うからです。
事実、キリストの赦しをいただき立ち上がった喜び
　に私たちは生きています。
だから、赦して力づけるところまでが愛の業なので
　す。

1／13

主は羊飼いとして群れを養い、御腕をもって集め
小羊をふところに抱き、その母を導いて行かれる。

(イザヤ書 40：11)

私たちは主に養われる羊の群れとして集められ、
憩いの中に身を置くことができます。
そればかりか、ふところに抱かれ、
安心とぬくもりをいただくことができます。
主に養われる羊であるなら、
どのような環境下にあっても
このような憩いと安心が与えられるのです。

1／14

わたしたちは、何も持たずに世に生まれ、世を去る
ときは何も持って行くことができないからです。

(Ⅰテモテ 6：7)

私たちは、世を去るときに何も持って行くことがで
きないことを知っていながら、なお求めずにはい
られない罪を抱えています。
主の前に、何も持たない者であることを認めること
のできない罪に生きています。
しかし、何も持たずに生まれ、何も持たずに去って
行くことを心から認めるなら、すべてのものが神
から与えられる恵みにほかならないと気づき、平
安のうちに生きることができるようになります。

$\dfrac{1}{15}$

わたしたちが誠実でなくても、キリストは常に真実
であられる。　（Ⅱテモテ2：13）

キリストが常に真実であるからこそ
私たちには希望があります。
たとえ私たちが不誠実であっても、
また人から不誠実を被って
悲しみやいらだちを増すことがあっても、
キリストは真実であり誠実です。
キリストの救いにあずかった私たちは
そのキリストの真実と誠実によって
生かされていることを知るのです。

$\dfrac{1}{16}$

泥沼にはまり込んだままにならないように　わたし
を助け出してください。　（詩編69：15）

人生の日々に、
泥沼のような中で、抜け出す希望が見えず、
失望するときがあります。
抜け出したいと願いながら、
その術が見つからずに、悲しみを深くすることがあ
　ります。
そのときに、私たちは主を見上げ、
助けてくださいと祈ることができます。
この祈りに生きるときに、私たちの失望は希望へ、
悲しみは平安へと変えられるのです。

$1/17$　わたしは彼らのために、同胞の中からあなたのような預言者を立ててその口にわたしの言葉を授ける。

（申命記 18：18）

神の言葉が私たちの歩みを支えます。
そのために神の言葉を語る者が立てられ、
神の言葉を聞く者たちと共に、神の言葉に生きます。
語る者に神が言葉を与えると信じ、
その声に聞き従うとき、
神の言葉による教会の交わりは、喜びと賛美、
そして悔い改めと慰めに満ちたものとなります。

$1/18$　なぜ、わたしは母の胎から出て労苦と嘆きに遭い生涯を恥の中に終わらねばならないのか。

（エレミヤ書 20：18）

日々の歩みの中で、労苦が満ちるとき、
私たちは生きていることそのものを
疎ましく思うときがあります。
労苦と嘆きに遭っていることの意味について
理解することも受け入れることもできない中で、
ただ疲弊するときもあります。
しかし、その嘆きを訴えることのできるお方を見上
　げ、「なぜ」と問い続けて祈るその先に、希望が
　示されます。
忍耐して祈り続ける道が、
労苦に満ちた私たちの歩みの希望になるのです。

1 / 19

彼らが呼びかけるより先に、わたしは答え　まだ語
りかけている間に、聞き届ける。

(イザヤ書65：24)

私たちの神は、
私たちよりも先に動いてくださるお方です。
呼びかける前に答え、
語りかけている間にすべてをわかってくださいます。
しかも、私たちが求める前に
御子を救い主としておつかわしくださいました。
それゆえに、私たちは、
主の平安の約束が確かであることを信じて、
安心して呼びかけることができるのです。

1 / 20

いわば旅人であり、仮住まいの身なのですから、魂
に戦いを挑む肉の欲を避けなさい。

(Ⅰペトロ2：11)

旅人だからこそ、注意深く歩みなさいと言われます。
仮住まいの身だからこそ、いいかげんな生き方では
　なく、あなた自身の誠実さをもって生きるよう求
　められます。
私たちはどうしても自分に甘くなり、
それゆえに、罪の誘惑に負けてしまいます。
しかし、救われた喜びをもって、注意深く、悔い改
　めと感謝に生きるとき、
私たちは魂を平安に保って歩むことができるように
　なります。

1/21

しかし主は、恐るべき勇士として わたしと共にいます。 （エレミヤ書20：11）

主が共におられる、と告白しつつ、
主のことが、恐るべき勇士として、と表現されます。
心優しき同伴者の姿ではなく、
恐るべき勇士、と表現されます。
それはしかし、私たちがどんな悪や敵に囲まれても
そこを突破できる、という希望を示します。
罪と悪に満ちた歩みを歩まざるを得ない私たちだか
　らこそ、恐るべき勇士として共にいてくださると
　の告白は希望となります。

1/22

主は地の面のすべての民の中からあなたを選んで、
御自分の宝の民とされた。 （申命記14：2）

私が主を信じる者、主の救いにあずかる者とされた
　ことは、ただ、主の選びによります。
選ばれたのだから、「私の人生のすべての出来事は
　私の救いのために主が用いてくださった出来事」
　と感謝することができます。
「あなたはわたしの宝。」
永遠に変わることのない主の恵みの宣言の中に私は
　生き、また死ぬことができます。
だから主に見いだされ、救われて生きる者となった
　ことは、何事にもまさる幸いです。

$\dfrac{1}{23}$ 　我らは火の中、水の中を通ったが　あなたは我らを
　　　　導き出して　豊かな所に置かれた。

（詩編 66：12）

　どのような道も主が共に歩まれるならば、安心して
　　行くことができます。
　歩む道の状況の中で主が共におられないように思わ
　　れるときがあっても、それでも私たちは信じて行
　　きます。
　主は必ず共にいて希望の場所へと置いてくださると
　　信じ続けます。
　こうして、失望することなく歩むその先に、必ず
　　「豊かな所」があると信じて。

$\dfrac{1}{24}$ 　命のある限リ　恵みと慈しみはいつもわたしを追う。

（詩編 23：6）

　主の恵みと慈しみは、私を追いかけ、
　とらえ、離すことがありません。
　私たちは命のあるかぎり、
　恵みと慈しみにとらえられ、
　満たされて生きることができます。
　この約束があるからこそ、
　私たちは永遠の命の喜びの中で、
　主の恵みは、決して私から離れない、と、
　安心を得ることができるのです。

1/25 彼らはお前たちに空しい望みを抱かせ　主の口の言葉ではなく、自分の心の幻を語る。

(エレミヤ書 23：16)

人の言葉は、平安を語っても根拠はなく、
希望を語っても根拠はありません。
しかし主の言葉は、平安と希望を失わせている根本
　としての罪の問題を解決しようとします。
私たちは耳に痛い主の言葉よりも、心地良い人の言
　葉を求めてしまう傾向にあります。
しかし、どんなに厳しくても、主の言葉に聞き従う
　ならば、空しい望みではなく、確かな望みに導か
　れるのです。

1/26 苦難の中を歩いているときにも　敵の怒りに遭っているときにも　わたしに命を得させてください。

(詩編 138：7)

主に従っていても、苦難の中を歩みます。
主に従っていても、敵の怒りに遭遇します。
詩人は、苦難に遭わせないでください、敵の怒りに
　遭遇させないでください、とは祈りませんでした。
それは苦難の中でも、敵の怒りに遭っているときに
　も、主は命を得させる力をもっていると信じてい
　るからです。
この信仰に立つなら、私たちはどのようなときにも
　主の助けを信じて安心して生きることができます。

$\dfrac{1}{27}$ その方にわたしの訴えを差し出し　思う存分わたし
の言い分を述べたいのに。　（ヨブ記 23：4）

思いを隠し、あるいは押し殺して祈ることは
信頼から出ている祈りではありません。
すべての思い、すべての言葉を主に向かって吐露し、
聞いてほしいと願う、その信頼こそが、
嘆きの祈り、また呻きの祈りであり、
そして希望をもたらす祈りとなるのです。
だからこそ、主はどんな言葉をも聞き、受け止め、
答えてくださる、と心から信頼して
祈る者でありたいと願うのです。

$\dfrac{1}{28}$ 主は御言葉をもって、シロでサムエルに御自身を示
された。　（サムエル記上 3：21）

主は御言葉によって御自身を示してくださいます。
私たちは、主の姿を見たいと願います。
しかし、主は霊であるゆえに見ることはできません。
それゆえに主は、御言葉によって
御自身を示されます。
だから私たちは御言葉を聞くことで主と出会い、
また主と出会うために御言葉を求めます。
ここに、礼拝に生きる信仰者の
希望と喜びがあります。

$1/29$

主なる神は、すべての顔から涙をぬぐい　御自分の
民の恥を　地上からぬぐい去ってくださる。

(イザヤ書 25：8)

主の前に涙する者はその涙がぬぐわれます。
主が私たちの恥を、罪を、嘆きを、
すべて御存知の上で、
愛しているから赦した、と言い
涙をぬぐってくださるからです。
絶対的な赦しがあるからこそ、
このお方の前で涙することが希望となり、
主の前で涙することこそが、
何ものにもまさる慰めであると、
確信することができるのです。

$1/30$

わたしは慈しみ深く　とこしえに怒り続ける者では
ないと　主は言われる。　（エレミヤ書 3：12）

とこしえに怒り続けることはない、
主がそのように約束してくださるから
私たちは罪を認め、悔い改めることができます。
主の赦しが、怒りよりも大きいから、
私たちは、ざんげしつつ歩むことができます。
主の慈しみを信じて生きることができる私たちは、
誰よりも幸いだと、告白できます。

1／31 神の祝福されたものを　わたしが取り消すことはできない。　（民数記 23：20）

神が祝福されたなら、
人がそれを無効にすることはできません。
私たちは自分の思いや言葉で神に反抗し、
そのゆえに神に捨てられてしまうのではないか、と
不安になることがあります。
しかし、神が祝福し、とらえてくださったのなら、
その御手が離れることは決してありません。
それほどに神の恵みは力強く、
また、私たちをとらえて離さないのです。

2/1

武力によらず、権力によらず　ただわが霊によって、
と万軍の主は言われる。　（ゼカリヤ書4：6）

ただ主に信頼すること。
私たちにこの希望の道が示されていながら、
私たちは主に頼ることをしません。
武力に頼り、権力に頼り、富に頼り、
世が力と称するさまざまなものに頼り、
それを得ようと必死になり、
得ては傲慢になり、得られずに落胆しています。
だからそれら一切を捨て去り、
ただ主に頼り、平安を得なさい、と
呼びかけられているのです。

2/2

彼らは皆、婦人たちやイエスの母マリア、またイエ
スの兄弟たちと心を合わせて熱心に祈っていた。

（使徒1：14）

祈れることは幸いです。
それは祈られている幸いを知っていることでもあり
　　ます。
そして祈ることと祈られることの喜びを知るゆえに、
心を合わせて熱心に祈ることが喜びになります。
心を合わせて祈ることで、主にあって一つである恵
　　みを確認できるからです。
熱心に祈ることで、熱心に祈られている事実を確認
　　することは慰めです。

$2/3$

こういうわけで、キリストは新しい契約の仲介者なのです。 （ヘブライ9：15）

キリストによる契約によって私たちは救いの約束を
　いただきました。
決して破棄されることがないその約束は、私たちの
　信仰生活を怠惰にするものではなく、むしろ、罪
　を抱えながらも悔い改めて生きる喜びにあずから
　せるものです。
信仰生活がどんなにたどたどしくても、救いの約束
　は破棄されないのです。だから私たちは安心して
　その約束に信頼し、歩むのです。

$2/4$

我らの神、主をあがめよ。その足台に向かってひれ
伏せ。主は聖なる方。 （詩編99：5）

私たちがなすべきことは、
主をあがめることです。
それは主を一番に優先することです。
主をあがめる者は
主に向かってひれ伏します。
なぜなら主にひれ伏し、主に服従することが
喜びをもたらすと知っているからです。
この信仰が私たちの人生を支えます。

$\dfrac{2}{5}$ 日に七たび、わたしはあなたを賛美します　あなた
の正しい裁きのゆえに。　（詩編 119：164）

日に七たび、と表現されますが、「七回」ではなく、
「何度でも」と理解できます。
主を賛美すること、主に向かって祈ることは、回数
が問題なのではありません。
あえて言えば何度でも繰り返し賛美し、常に祈って
いるかどうか、が大切です。
常に賛美し、常に祈る、ここに私たちの喜びと慰め
の道があるからです。

$\dfrac{2}{6}$ そして、もはや天には彼らの居場所がなくなった。
（黙示録 12：8）

神に戦いを挑んだ者たちは、
天における居場所を失います。
神に戦いを挑み、神に抵抗する者は、
永遠に平安が失われ、永遠に希望が失われます。
しかし、
私たちはこの言葉の前で恐れる必要はありません。
なぜなら、私たちには、「あなたがたのために場所
を用意しに行く」と約束された救い主がおられる
からです。
私たちには居場所があるのです。

2 / 7　　愛は隣人に悪を行いません。　（ローマ 13：10）

愛は、自分のことよりも、
隣人のことをまず考えます。
愛は、自分の喜びよりも、
隣人が喜ぶことをまず考えます。
だから、愛は隣人に悪を行わず、
隣人が困惑したり
つまずいたりすることをしません。
このように、隣人への愛に生きる人は、
神に愛されている喜びに満ちています。

2 / 8　　人はその道を定めえず　歩みながら、足取りを確か
　　　　めることもできません。　（エレミヤ書 10：23）

私たちは自分の力で生きていると思っています。
しかしそのように思っているときには、足もとは常
　に不安定で、出口の見えない不安におそれれます。
一方、主が私の道を定めてくださると信じるときに
　は、どんなに不安定に見える歩みでも、主が支え
　てくださっているので安心です。
私たちは自分で自分の足取りを確認することはしま
　せん。主が導いてくださると信じるから。だから
　暗闇の中でも安心して歩むことができます。

2/9

ヤコブの神よ、あなたが叱咤されると　戦車も馬も
深い眠りに陥る。　（詩編76：7）

主の言葉は、
すべての力をねじ伏せます。
どれほどの権力、軍事力も、
主の言葉の前では力を発揮することはできません。
それゆえに、主の言葉に立つ者は、
主以外に恐れる必要はなくなり、
主を味方とすることで、
憂いも不安も恐れもなく、
主の愛の中で生きることができるようになります。

2/10

お前はこの巻物を燃やしてしまった。

（エレミヤ書36：29）

神の言葉を聞いたのに、
それをないがしろにする罪があります。
悔い改めと救いへの招きの言葉を退け、
それを自分の目の前から取り去ることは、
自ら平安を取り去る愚行にほかなりません。
それなのに、私たちは神の言葉を求めず、
むしろ自分の言葉に固執し、希望を失います。
それゆえに、私たちが喜びをもって生きるために
神の言葉を聞かない罪を認め、悔い改めて神の言葉
　に聞き従う者でありたいのです。

$\dfrac{2}{11}$

あなたがたは、キリストがわたしたちを用いてお書
きになった手紙として公にされています。

（Ⅱコリント 3：3）

救われた者は、キリストを語る手紙だと言われます。
救われた私たちは、語る言葉、また行動によって、
キリストを語る存在だと、言われています。
ふさわしくない、と正直に感じます。
しかしどんなに薄汚れ、破れの多い手紙であっても、
キリストの名が記されている以上、立派な手紙です。
私たちはどんなにみすぼらしく思えても、
「キリスト者」という名のゆえに、
キリストを語る手紙として、十分な存在なのです。

$\dfrac{2}{12}$

彼らが剣で兄弟を追い　憐れみの情を捨て　いつま
でも怒りを燃やし……　（アモス書 1：11）

赦さないこと、憐れみを捨てること、長く憤り続け
　ることは、主の怒りに触れる行為です。
確かに私たちは赦したくないこと、憐れみたくない
　ことに遭遇します。
また、赦さないこと、憐れまないことは気が楽であ
　り、赦すこと、憐れむことは苦痛を伴います。
それでも私たちは、主がどこまでも赦し、憐れんで
　くださった恵みを知る者です。
苦しみながらも赦し、憐れみ、憤りを鎮めることを
　とおして主の愛を確信し、強められたいのです。

2／13

だから、自分の罪が消し去られるように、悔い改め
て立ち帰りなさい。　　（使徒3：19）

悔い改めて立ち帰るとき、
私たちの罪は消し去られます。
悔い改める者の罪を神は消し去り、
なかったものとしてくださいます。
そして私たちが自分の罪を受け入れ、
悔い改めて神に赦しを願うとき、
主の十字架と復活によって、
すでに赦され、罪が消し去られ、
罪が忘れ去られていた恵みの中に
生かされていたことに気づかされるのです。

2／14

わたしの救いと栄えは神にかかっている。

（詩編62：8）

神から私、なのか、私から神、なのかでは全く異な
　ります。
私たちはしばしば、私から神、をイメージしますが、
　それは私の足りないところを神が補う、という理
　解です。
しかしそれでは私を主とし、神を従とする逆転した
　関係になってしまいます。
信仰は常に神から出発し、まず神に求める中で、す
　べてのものが備えられると信じることなのです。

2/15　恐れてはならない。……あなたたちのために行われる主の救いを見なさい。　（出エジプト記 14：13）

主の救いを見つめていないとき
私たちは恐れます。
主の救いを見つめていないとき
私たちは落ち着いていられなくなります。
私たちが不安におそわれ、心が動揺するのは、
主の救いを見つめていないときです。
だから、恐れるとき、不安なとき、
動揺して落ち着かないとき、
いったい自分が何を見つめているのか探ります。
そして主の救いだけを見つめるのです。

2/16　見よ、あなたから遠ざかる者は滅びる。御もとから迷い去る者をあなたは絶たれる。　（詩編 73：27）

主から遠ざかるとは救いから離れることであり、それゆえに滅びます。
御もとから迷い去るとは救いの確信を失うことであり、それゆえに絶たれます。
だから、遠ざかる者、迷い出る者に向かって、主は呼びかけてくださいます。
胸をかきむしるほどの思いをもって主が呼びかけてくださっていることを、私たちは御子の十字架によって知らされています。
主の沈痛な叫びを聞いて遠ざかる者から近づく者に、迷い去る者から信頼する者になりたいのです。

2 / 17

わたしの魂は夜あなたを捜し　わたしの中で霊はあなたを捜し求めます。　（イザヤ書26：9）

あなたは心から主を捜し求めていたか。
私たちはいつもこの問いの前に立っています。
私たちは主を捜し求めているようで
実際には捜し求めず、
主を捜し求めているふりをしながら
自分を捜し求めて不安の日々を送っていました。
自分は心から主を捜し求めていたか。
この問いを繰り返し自らに問いながら、
主に従う喜びを強くする者でありたいのです。

2 / 18

曲がった言葉をあなたの口から退け　ひねくれた言葉を唇から遠ざけよ。　（箴言4：24）

どのような言葉が口に満ちているのか。
そのことが問われます。
曲がった言葉、ひねくれた言葉は、
自分のことしか考えず、
自分の利益だけを求めるときに口に満ちます。
愛することには常に葛藤が伴います。
愛したいのに愛せない苦しみもあります。
それでもそのときに、曲がった言葉を口に満たすの
　　ではなく、
神をたたえ、隣人を愛する言葉を
口に満たしたいと私たちは願うのです。

2/19 互いに重荷を担いなさい。　（ガラテヤ6：2）

互いに重荷を担うことには、相手の重荷を受け取る
だけではなく、自分の重荷を渡すことも含まれて
います。
それなのに私たちは重荷を受け取ることばかりを考
え、負担が増えるのではないかと不安になるので
す。互いに担うことを苦痛に感じるのです。
しかし、私たちは私たちの重荷を御子が負ってくだ
さったことを知っています。その喜びを知るから
こそ自分の重荷を渡し、あるいは人の重荷を受け
取ることができるのです。
互いに重荷を担い合うこととは、主によって軽くさ
れた喜びの中で初めてできる愛の業です。

2/20 主を仰ぎ見る人は光と輝き　辱めに顔を伏せること
はない。　（詩編34：6）

主を仰ぎ見るとき、すべてにまさる希望が主から与
えられることを知ります。
そして主が与えてくださる希望は、どんなものに
よっても破壊されず、覆い隠されないものである
ことを知ります。
だから、主を仰ぎ見て歩むなら、主に愛されている
ことを確信するゆえに、辱めの中でも主の愛を信
じ、主に愛されている喜びの中で生きることがで
きるようになるのです。

2/21　お前たちはわたしの群れ、わたしの牧草地の群れである。　（エゼキエル書34：31）

「お前たちはわたしの群れ」だ、と
主は宣言してくださいます。
私たちがどんなに心配しても、わたしが養うと、主
　は約束してくださいます。
私たちがどんなに小さく、つまずく者であっても、
　わたしが養うと、主は告げてくださいます。
私たちは、自分の力で生きているのではなく、主に
　養われる群れとして生かされているのです。
養われる喜びがあるのです。

2/22　主よ、わたしの言葉に耳を傾け　つぶやきを聞き分けてください。　（詩編5：2）

主は私たちのつぶやきを聞き分けてくださいます。
どんなに小さな祈りの言葉も、
あえぐように語り出す言葉も、
しぼり出しても声にならないほどの言葉も、
主は聞き分けてくださいます。
だから私たちは安心して絶望します。
なぜならその絶望が希望に変えられ、
感謝と喜びに満たされて
生きることができるようになると知っているからで
　す。

$\dfrac{2}{23}$ わたしの目は、彼らのすべての道に注がれている。

（エレミヤ書 16：17）

主が目を注がれているゆえに、
私たちは主の目から身を隠すことができず、
すべてのことが知られています。
主に知られて困るようなことも
私たちは抱えていますが、
それもすべて主は御存知です。
その上で、主は救いと愛を語ってくださいます。
だから隠す必要はないのです。
隠さずに罪を認め、悔い改めるのです。
そうするなら、赦された喜びが私たちの慰めの道と
　なるのです。

$\dfrac{2}{24}$ 「そこを出て、山の中で主の前に立ちなさい」

（列王記上 19：11）

身を隠している者に主は告げられます。
そこを出て、主の前に立て、と。
私たちは主の目の届かないところに引きこもり、
主に見つからないようにします。
しかし主は愛を注ぎ、恵みをくださるために
呼びかけ、呼び出します。
そこを出て、わたしの前に立て、と。
この声に答えるときに、
私たちは希望と喜びに満ちることができるのです。

2／25 教えてくれる人の声に聞き従わず　導いてくれる人の声に耳を向けなかった。　（箴言 5：13）

傲慢の罪は、教えてくれる人の声を聞きません。
自分が何でもわかっていると驕っているからです。
傲慢の罪は、導いてくれる人の声を無視します。
自分こそが正しく歩んでいると驕っているからです。
この傲慢の罪によって私たちは道を誤り、神と人との関係を破壊します。
それゆえに、まず傲慢を悔い改めて謙遜になることが私たちに求められているのです。

2／26 わたしは不毛の高原に大河を開き　谷あいの野に泉を湧き出させる。　（イザヤ書 41：18）

主がその御手を伸ばされたなら、枯れた場所にさえ水が溢れ出ます。
私たち人間の目から見たら、何もないように思える場所でさえ、主がその御手を伸ばされたなら、恵みに溢れた場所に変えられます。
これほどに力強い主の御手によって私たちは助け出され、守られています。
だから、どのような所であっても主の御手に支えられて、安心して生きることができるのです。

2/27　望んでいた同情は得られず　慰めてくれる人も見い
　　　だせません。　(詩編69：21)

神ではなく、人に同情を求めても
見いだすことができず、失望するだけです。
神ではなく、人に慰めを求めても
見いだすことができず、悲しみを深くするだけです。
それなのに私たちは、
神ではなく、人に同情や慰めを求め、
さまよい、心をすり減らしながら生きています。
そんな私たちがもし、ただ神にのみ同情と慰めを期
　待するのなら、失望することなく生きることがで
　きます。

2/28　そうすれば、あなたたちは、あなたたちの神の御前
　　　に覚えられる。　(民数記10：10)

人生において重要なことは、
神の御前に覚えられることです。
しかし人の罪は、
神に覚えられることよりも人に覚えられることを、
神にほめられることよりも人にほめられることを、
より大切なものだとうそぶきます。
私たちはその罪に惑わされ、
それゆえに魂を渇かせてしまっています。
だから、神に覚えられていることが恵みであり、
魂の安らぎのために不可欠のものであることを
いつも思い起こす必要があります。

2/29

あなたたちの神、主は恵みと憐れみに満ちておられ、
そのもとにあなたたちが立ち帰るなら、御顔を背け
られることはない。　（歴代誌下 30：9）

主は自分の罪を認める者を、
恵みをもって迎え入れ、
自分の罪に苦しみ、それを嘆く者を、
憐れみをもって迎え入れてくださいます。
御顔を背けられることがない、との約束を信じ、
罪人の私をお赦しください、と帰って来る者を、
主は決して拒むことなく迎え入れてくださいます。

3 / 1　主はわたしの正しさに報いてくださる。わたしの手
の清さに応じて返してくださる。　（詩編 18：21）

主は私たちのなすことを知り、
それに対して報いてくださいます。
それゆえに、私たちはどれほど苦しんでも愛し、
どれほど痛んでも赦そうと欲します。
そして傷つきながらでも、主の目に正しく
清い歩みであろうとします。そのときに、
良い忠実な僕よ、との最大の報いの言葉を
いただくことが約束されています。

3 / 2　主よ、我らを憐れんでください。我々はあなたを待
ち望みます。　（イザヤ書 33：2）

主よ、憐れんでください。
私たちは常にこの祈りを口にすることができます。
しかし私たちは主の憐れみを求めるよりも、
自分の力で打開することを好みます。
主の憐れみに期待することを
むしろ、弱さだと認識することもあります。
けれども、本当の強さはゆだねることにあり、
憐れみを求めることにあります。
だから私たちは常に
主よ、憐れんでくださいと祈るのです。

$3/3$

神に愛されている兄弟たち、あなたがたが神から選
ばれたことを、わたしたちは知っています。

(Ⅰテサロニケ 1 : 4)

神に愛されている兄弟たち、と
私たちは呼び交わすことができます。
それは私も神に愛されている、との
感謝と確信から出てくる挨拶です。
私への神の愛を信じて疑わないからこそ、兄弟たち
　をも、神に愛されている兄弟たち、と呼ぶので
　す。
このようにして愛の呼び交わしがなされ、
信仰の交わりの中で生きる喜びが
増し加わります。

$3/4$

人の子よ、あなたはあざみと茨に押しつけられ、蠍
の上に座らされても、彼らを恐れてはならない。

(エゼキエル書 2 : 6)

どのような苦難がおそっても、
恐れてはならない、と告げられます。
けれども私たちは
さまざまな苦難の前で恐れ、たじろぐものです。
もし、自分の力と信念で立とうとするならば、
私たちは恐れに支配され、苦難に倒されます。
しかし、主が助けてくださる、と信じるなら、
苦難の中でも恐れることなく、
主の恵みを期待することができるのです。

3/5

あなたは慈しみをもって贖われた民を導き　御力を
もって聖なる住まいに伴われた。

（出エジプト記 15：13）

主は私たちを憩いの場所に導かれます。
その道中が困難に満ちていて
もうだめだと思われるようなところからでも
道を開いてくださいます。
ただし、道が開かれるまでに、
多くの忍耐を必要とすることがあります。
そのような中でももしあなたが主に信頼し、
主が道を備えてくださることを
心から期待して生きるなら、
やがて必ず道は開かれます。

3/6

しかし、わたしが与える水を飲む者は決して渇かな
い。　（ヨハネ 4：14）

キリストの言葉を聞き、
キリストの愛をいただく者は、
決して渇くことがありません。
なぜならキリストの言葉は私たちの慰めであり、
キリストの愛は永遠に変わらない愛だからです。
キリストの言葉と愛なしに生きられる、と
豪語する罪を心から悔い改め、
謙遜にキリストの言葉と愛を求めましょう。
私たちの歩みはキリストの愛によって潤います。

3／7　今わたしたちは皆、主があなたにお命じになったことを残らず聞こうとして、神の前にいるのです。

（使徒 10：33）

一言ももらさず神の言葉を聞きたい。
その熱意が喜びをもたらします。
実際には、残らず聞くよりも、
聞き逃し、聞き漏らすことの多い私たちです。
だからこそ、
神の言葉に喜びを見いだしたい者は、
神の前で残らず聞こうと真剣に欲し、
それを強く願うのです。

3／8　あなたは、土地の最上の初物をあなたの神、主の宮に携えて来なければならない。

（出エジプト記 23：19）

神に対しては一番良いものをささげます。
それは、神が私たちにとって一番良いものをくださっているからです。
神が私たちに対して惜しまないお方であることを知るなら、私たちも神に対して惜しまなくなります。
何よりも、愛する御子をくださるほどに尽くしてくださった神ですから、私たちが最上のものをもって応えたとしても不十分です。
このことを知るからこそ、一番良いものをささげたくなるのです。

3 / 9　この神は生ける神、世々にいまし　その主権は滅び
　　ることなく、その支配は永遠。　（ダニエル書６：27）

生ける神。私たちが神を信じると告白するとき、
　「神は生きておられる」ということをどこまで意
　識しているでしょうか。
たとえそれを知っており、否定することはなくても、
　「神は生きておられる」ということの意味を深く
　問い、考えることが少ないように思います。
生ける神。　神は生きておられるからこそ、私たち
　はこのお方と生ける関係を持つことができます。
その関係によってもたらされる喜びに生きる者とな
　りましょう。

3 / 10　あなたの御名を呼び、たたえることは　わたしたち
　　の魂の願いです。　（イザヤ書26：8）

主をたたえることは、魂の願いです。
「私」という全存在をかけての願いです。
しかし私たちの罪は主をたたえることよりも、
自分をたたえることを願います。
それが罪の願いです。
罪の願いに対して、救われた私たちは抵抗し、
魂の願いとして主をたたえたいと欲します。
そして悔い改めながら主をたたえるときに、
私たちに希望と慰めがもたらされます。

$3/11$

人が自分の子を訓練するように、あなたの神、主が
あなたを訓練されることを心に留めなさい。

（申命記 8：5）

主の訓練の中で
私たちは救われて生きる喜びを大きくします。
主の訓練の中で
私たちは何があっても主は私を見捨てない、との恵
　みを確認します。
主の訓練の中で
私たちは主の愛の強さを確信します。
だから、人生のさまざまな出来事の中で、私たちは
　うろたえることなく、主の愛と恵みを信じて、感
　謝と平安のうちに歩むことができるのです。

$3/12$

あなたは忍耐についてのわたしの言葉を守った。

（黙示録 3：10）

忍耐は、神の言葉によって守られるものです。
私の努力によるものではありません。
事実、私がどんなに頑張って忍耐しても
その忍耐には限度があります。
それゆえ忍耐のためには神の言葉が必要です。
神の愛と赦しの言葉に立って初めて
忍耐が守られます。
そして、忍耐が与える希望を得て生きることができ
　るのです。

3/13

神が偽ることはありえません。 （ヘブライ6：18）

神の約束は破られることがありません。
約束を破り、偽るのは常に私たち人間の側です。
罪なく、その本質が愛である神は、
偽ることができません。
それゆえに、罪に対して怒り、
罪に対して裁きを語ります。
しかしそれは、私たちを罪から救い出したいという
強い意思と愛のあらわれなのです。
偽りのないその意思と愛こそ、
救いの確かな根拠です。

3/14

互いに忍び合い、責めるべきことがあっても、赦し
合いなさい。 （コロサイ3：13）

私たちは忍び合うことの難しさを知っています。
自分一人で忍んでいるように思えるときにはなおの
　こと、忍び合うことが空しく思えます。
そもそも忍び合い、赦し合うことは、私たちの中に
　備わっているものではありません。
主の忍耐、主の赦しを知り、それに感謝し、それを
　喜ぶところからしか生まれません。
だから、救われた喜びに生きる者のみが、
真に忍び合い、赦し合うことができるのです。

$3/15$

彼は悔い改めて、自分の行ったすべての背きから離れたのだから、必ず生きる。

（エゼキエル書 18：28）

主は常に悔い改めを欲しています。
それは私たちが生きるためです。
悔い改めるためには、
自らの罪や悪を認める必要があります。
それは私たちにとって骨の折れる業、
心に痛みをもたらす業です。
しかし、悔い改めた者はそこで主の赦しの確かさに
　気づきます。
悔い改めて生きる者とされた喜びに気づくのです。

$3/16$

人間に頼らず、主を避けどころとしよう。君侯に頼らず、主を避けどころとしよう。

（詩編 118：8〜9）

人に頼るか神に頼るか。自分に頼るか神に頼るか。
この二つの間で私たちはいつも揺れ動いています。
そして罪は、神ではなく自分に、全能の父ではなく
　世の権力や力に頼るよう誘惑します。
しかし私たちは人も世の権力も私を助けることがな
　いと知っています。
それゆえに、人に頼らず主を避けどころとしよう、
　主に立ち帰ろうと詩人は呼びかけるのです。

3/17

あなたは、エジプトの国で奴隷であったことを思い
起こしなさい。 （申命記 24：22）

かつて苦しみの中にいたからこそ、
苦しむ者をいたわることができます。
罪にとらわれていたときの苦しみや悩みを知ってい
　るからこそ、罪にとらわれている人に救いを告げ
　ることができます。
主の救いの御業を常に思い起こします。私がどのよ
　うに救われたのかを繰り返し思い起こします。
このように、主の救いの御業を思い起こし続けるこ
　とが、私たちが愛と謙遜の信仰に生きるときの道
　しるべなのです。

3

3/18

わたしは、イエスの焼き印を身に受けているのです。
（ガラテヤ 6：17）

イエスさまに所有されている、との自覚が
私たちを喜びへと導きます。
イエスさまの焼き印を身に受けている。
パウロがこのように表現したとき、それはすべてに
　まさる安心の告白として語っています。
あなたは何者か。
この問いに対して、私はイエスさまのもの、と明確
　に答えられることが、何ものにもまさる平安なの
　です。

3/19

一日のうちにこの地の罪を取り除く。

（ゼカリヤ書3：9）

主が罪を取り除かれる、と告げられるとき、
一日で取り除くことができます。
一瞬で取り除くことができる、と言っても言い過ぎ
　ではありません。
主が「取り除く」と告げられた言葉は、
確実で、真実です。
事実私たちは、御子の十字架によって
罪が完全に取り除かれた恵みを知っています。
だから私たちは主の赦しに期待します。
罪を取り除く主の力によって私たちの赦しは確実だ
　からです。

3/20

わたしの名を呼ばない民にも　わたしはここにいる、
ここにいると言った。　（イザヤ書65：1）

わたしはここにいる。
それが主の呼びかけです。
聞こえている者にも、
聞こえていない者にも、
同じように、ここにいる、と宣言されます。
その声を聞いて私たちは
主のもとに集いました。
そして、主の傍らにあって、
何ものにもまさる安らぎを得ました。

3/21

ヤコブの家よ、主の光の中を歩もう。

(イザヤ書2：5)

罪の中、その暗闇の中を歩む者に向かって、
光の中を歩もう、と呼びかけられます。
主の光の中を歩むためには、自分が中心であること
　を放棄しなければなりません。
しかしそれができないために、私たちは罪の中を、
　その暗闇の中を歩まざるを得ないのです。
だから、主の光の中を歩もう、との呼びかけを聞い
　たら、悔い改めて聞き従うことができるようにと
　切に祈るのです。

3/22

イエス・キリストは、きのうも今日も、また永遠に
変わることのない方です。　(ヘブライ13：8)

永遠に変わることのない救い主によって救い出され、
その体の枝とされました。
永遠に変わることのない愛と救いに
私たちは結ばれました。
私たちが弱く、うつろう者であったとしても、
私を結びつけてくださったイエスさまは永遠に変わ
　りません。
この永遠の希望があるからこそ、
私たちは自らの終わりの日を見据えながらも、
希望をもって生きることができるのです。

3／23

だれがわたしたちを罪に定めることができましょう。

（ローマ8：34）

私たちを罪に定めることができるのは、
罪のない神ただお一人です。
罪人である人間は、自分の罪を見ずに人の罪をあげ
　つらう傲慢を抱えています。
罪人が人を罪に定めようとすることによって、
更なる罪を重ねる結果になります。
しかし、私たちを罪に定めることのできるのは神だ
　けです。
その神が、信じる者に対して、
「罪に定めない」と宣言してくださったから
私たちは喜んで生きることができるのです。

3／24

キリストによって、わたしの心を元気づけてくださ
い。 （フィレモン20）

私たちの心が元気になるのは
キリストによります。
あるいは、私たちの心が元気になるのは
信仰による、と言い換えることができます。
心を元気づけるものを
世に求めても得られることはありません。
見いだしたとしても一時的にすぎません。
永遠の御子によって得られる愛、また信仰こそが、
　私たちを永遠に元気づける恵みです。

3/25　どうして、あなたはわたしに災いを見させ　労苦に
目を留めさせられるのか。　（ハバクク書1：3）

災いと労苦を目にすることは気分の良いものではあ
りません。
しかし災いと労苦を目にせずに生きることは世に生
きるかぎり不可能です。
私たちは災いと労苦を目に留めて神をうらむので
はなく、この罪の世を嘆き、救おうとされている
神の憐れみにこそ目を留めます。
だから安心して嘆きの祈りをささげます。
祈るゆえに嘆きは平安に変えられていきます。

3/26　神の力強い御手の下で自分を低くしなさい。そうす
れば、かの時には高めていただけます。
（Ⅰペトロ5：6）

自分の努力で低くなろうとしてもできず、
ただ不満ばかりがつのるようになります。
神の御手によって低くする、とは、
私よりも低くなられた神がおられることを
信じる信仰によります。
そして誰よりも低くなられた御子が
誰よりも高くされたのであれば、
神の力強い御手の下で、
私たちもやがて高くされるのです。
謙虚にされることは不満ではなく
喜びをもたらすのであり、希望をもたらすのです。

3

3／27

弱者を搾取して自分を富ませたり　金持ちに贈り物
をしたりすれば、欠乏に陥る。　（箴言 22：16）

愛の欠如を主は嫌います。
慈しみの欠如を主は厭います。
しかし私たちの罪は、
愛することをやめ、慈しむ心を退けます。
それが体と魂の欠乏をもたらすことに
気づいていません。
しかしそのような私たちを主は愛し、救ってくださ
　　いました。
ですから、私たちも主を愛し、隣人を愛するのです。
その愛を豊かな恵みの賜物としていただくのです。

3／28

わたしの足は大きく踏み出し　くるぶしはよろめく
ことがない。　（詩編 18：37）

主が歩みを支えてくださる。
このことを信頼するとき、
私たちは人生の一歩を
安心して踏み出すことができます。
先の見えない恐れ、不安があっても、
主が支えてくださる、と信頼し、
大きく踏み出すことができます。
だから主に信頼する者は、
どのような時にも平安でいられるのです。

$\dfrac{3}{29}$　あなたの羊の群れと麦打ち場と酒ぶねから惜しみなく贈り物を与えなさい。　(申命記 15：14)

奴隷を自由の身として去らせるときに、
惜しみなく贈り物をするよう命じられます。
それは、主が与えてくださったもの、との
信仰だけができる行為です。
主が与えてくださる、ということを信頼しきれない
　とき、惜しみ、与えることを渋ります。
主が必ず与えてくださること、
そして、御子の命さえ惜しまなかった神の愛を知る
　ときに、私たちもまた、惜しむことのない愛へと
　歩み出すことができます。

$\dfrac{3}{30}$　まことに憐れみ深いあなたは　彼らを荒れ野に見捨てることはなさらなかった。　(ネヘミヤ記 9：19)

見捨てられても仕方のない者たちを
主は見捨てられませんでした。
主に見捨てられても
文句を言えないほど罪を犯したのに、
なお見捨てられませんでした。
それほどに主の愛は深く、
主の慈しみは限りがありません。
だから私たちは罪を悔い改め、
この愛と慈しみに身をゆだねて生きることを
一番の喜びとするのです。

3/31

確かに、イエスは天使たちを助けず、アブラハムの
子孫を助けられるのです。　（ヘブライ2：16）

私たちこそが助けられる者とされています。
助けられるべき弱い存在であることを
悲しむ必要はありません。
むしろ、助けられるべき者を心から愛し、
助けられるべき者のために
命をささげてくださった
イエスさまのお姿を思います。
そのようにして
イエスさまと深いつながりの中に置かれる喜びが
私たちに与えられたのです。

3

4／1

世に打ち勝つ勝利、それはわたしたちの信仰です。
（Ⅰヨハネ5：4）

信仰を得ていることが、世における一番の宝です。
救われていることが、世における一番の力です。
信仰があるからこそ
私たちは希望をもって生き、
信仰があるからこそ
私たちは慰められて生きることができます。
死にさえ勝利した信仰を得ていることこそが、
すべてにまさる喜びです。

4／2

二度とかたくなになってはならない。
（申命記 10：16）

神に対してかたくなになるとき、
私たちは平安を失います。
隣人に対してかたくなになるとき、
私たちは愛の喜びを失います。
かたくなにならないためには、
私は神に徹底的に愛されている、と
心から信じることです。
御子が十字架の死を引き受けられるほどに
愛されている身であることを感謝するなら、
私たちは決してかたくなにはなれないのです。

4／3

あなたたちは、自分の語る言葉によって　主を疲れ
させている。　（マラキ書2：17）

私たちの語る言葉が
主を疲れさせることがある。
預言者のこの指摘に
私たちはどのような言葉を
主に向けていたかを顧みます。
そして、自己中心で罪に満ちた言葉に
溢れていたことに気づき、
確かに主を疲れさせていたことを知ります。
それゆえに、ざんげの祈りから始めるとき、
私たちの言葉は、
主を喜ばせる言葉へと変えられていきます。

4／4

すべての命はわたしのものである。
（エゼキエル書18：4）

主は宣言されます。
「すべての命はわたしのものである」と。
私の命は私のものではなく主のもの。
けれども、喜びの日に私たちはそのことを忘れ、
苦しみの日に私たちはそのことを疑います。
しかし、どんなときにも私の命は主のもの、と告白
　するなら、
また、どんなときにも私を知り、私を支えてくだ
　さっている主の御手のうちにあることを告白する
　なら、主の宣言は希望となるのです。

4/5

わたしはイスラエルにとって荒れ野なのか。深い闇
の地なのか。　（エレミヤ書2：31）

主に逆らうとき、主が荒れ野のように、深い闇のよ
　うに思えます。
しかしそれは私自身の罪が慈しみの主をそのように
　見せているだけです。
主に従うとき、主は荒れ野ではなく肥沃な地であり、
　深い闇ではなく光です。
だから、悔い改めて主に従うならば、
私たちは肥沃な地で恵みと光の中を歩み続けること
　ができるのです。

4/6

神はすべてを時宜にかなうように造り、また、永遠
を思う心を人に与えられる。　（コヘレト3：11）

人の心には理解できなくても、
神はふさわしい時を備えてくださいます。
すべての時に意味があり、
すべての時が神の支配の中で意味を持ちます。
私がわからず、迷い、不安のうちにあっても、
「時宜にかなうように造り」との恵みは失われませ
　ん。
だから時をゆだねて生きることがやがて喜びとなり、
永遠を思って生きることが慰めとなるのです。

4

4/7

御自分の民の罪を赦し　彼らの咎をすべて覆ってくださいました。　（詩編85：3）

主の赦しは中途半端ではありません。
徹底した赦しです。
それゆえに詩人は、
咎がすべて覆われた、と告白しました。
一部ではなく、大部分でもなく、
すべて覆われた、と。
すべての罪が赦されたのです。
その喜びをもって私たちは生きるのです。

4/8

あなたがたの富のあるところに、あなたがたの心もあるのだ。　（ルカ12：34）

あなたが大事にしているところに
あなたの心があります。
あなたが富を大事にしているならそこに、
家族を大事にしているならそこに、
そして自分を大事にしているならそこにあります。
しかし私たちの心のあるべき場所は神のふところです。
だから、あなたが神を大事にしているなら
そこにあなたの心があるのです。

4／9 子たちよ、言葉や口先だけではなく、行いをもって
誠実に愛し合おう。 （Ⅰヨハネ3：18）

言葉や口先で愛を語ることは
簡単にできます。
もちろん、愛さないつもりではなく、
愛そうと心に思って、言葉にすることもあります。
しかし、それを実際に行うことの難しさに
私たちはしばしばたじろぎます。
そのたじろぎの前で、私たちはあらためて御子の愛
　を思います。
敵をさえ愛したその愛ゆえに、私ももう一度愛した
　いと切に願うのです。

4／10 まして神は、昼も夜も叫び求めている選ばれた人た
ちのために裁きを行わずに、彼らをいつまでもほ
うっておかれることがあろうか。 （ルカ18：7）

諦めないで祈ること。
それが信仰者の祈りです。
しかし私たちは弱く、
諦めて祈らなくなることがあります。
それでも諦めずに祈るには信仰が必要です。
祈っては諦め、諦めては祈り、の連続で
あったとしても、
祈り続けることこそが信仰であり、
希望の源なのです。

4

4/11

わたしの魂に近づき、贖い　敵から解放してください。　（詩編69：19）

苦しみの中で、
苦しみゆえに神を遠ざけてしまうことがあります。
神に祈ることを忘れ、
神に頼ることを忘れてしまうことがあります。
しかし、苦しみの中で、
私の魂に近づいてください、と祈ことがゆるされて
　います。
この祈りがゆるされているからこそ、
苦しみや嘆きが希望に変えられるのです。

4/12

人々が深い御恵みを語り継いで記念とし　救いの御
業を喜び歌いますように。　（詩編145：7）

主の恵みを語り継ぐことの大切さを思います。
主の御救いの業は、
自分一人の心に留めておくことができないほど、
大きく、豊かな愛に満ちています。
これほどの愛によって私は見いだされ、
これほどの愛によって私は救い出されました。
この喜びを語り継いで記念とし、
同じように救われる者が生まれるように、
賛美をしながら歩むのです。

$4/13$

信じる者は永遠の命を得ている。 （ヨハネ6：47）

永遠の命を得ている者は、
永遠の愛と永遠の喜びに生きる者です。
永遠の命を得ていることは、
遠い将来のことではなく
今を生きる恵みでもあるのです。
それゆえにイエスさまを信じ、
永遠の命をいただいた者は、
永遠の命の喜びの中を歩みます。
永遠の命に生きるゆえに
悔い改め、感謝し、賛美し、
生きる喜びに満たされるのです。

$4/14$

「できれば」と言うか。 （マルコ9：23）

神に向かっては、
ただ信頼の言葉を語ることができます。
神に向かっては、
素直に訴えることができます。
それなのに私たちは疑い、
不信を隠しながら祈る場合があります。
「できれば」と。
しかし私たちはその不信を隠さずに、「信じます。
　信仰のないわたしをお助けください」と心から助
　けを求めて祈ることがゆるされています。
その素直な祈りが希望をもたらすのです。

4/15

わたしの神よ、わたしを御心に留め、お恵みください。　（ネヘミヤ記 13：31）

「わたしを御心に留め」てください。
私たちは信頼してこのように祈ることができます。
御心に留めてください、と祈るとき
御心にそぐわない私がいることにも気づきます。
このような罪人が、御心に留めてくださいと祈ることが厚かましいように思えます。
しかし、私たちは救われた者として主を信頼し、
御心に留めて、お恵みください、と
祈り続けることがゆるされています。

4/16

あなたの決定されたことを人は侵せない。
（ヨブ記 14：5）

神のなさることに、
ただ驚くことしかできないことがあります。
「なぜ」と、どれほど問いかけても
答えが見いだせないことも多くあります。
神の決定を人は侵せません。
知識で理解していても、その現実にたじろぐこともあります。
しかし、神の決定を侵すことができないからこそ、
このお方が決めた救いも侵すことができないと
私たちは信じることができるのです。

$\frac{4}{17}$ わたしは四十年の間、荒れ野であなたたちを導いたが、あなたたちのまとう着物は古びず、足に履いた靴もすり減らなかった。 （申命記29：4）

主が守り支えてくださるとき、
何一つ欠けることはありません。
私たちはそれぞれの歩みの中で、
不足を主に訴えますが、
顧みればすべて準備され、
何一つ欠けていなかったことに気づかされます。
主にすべてをゆだね、
主が必ず整えてくださると信じて生きることで、
私たちの歩みは喜びで満たされます。

$\frac{4}{18}$ 主に望みをおく人は新たな力を得　鷲のように翼を張って上る。走っても弱ることなく、歩いても疲れない。 （イザヤ書40：31）

主に望みをおく人は新たな力を得る、と
約束されています。
歩みの中で弱り、力が消え失せそうになっても
主に望みをおくとき、
新たな力を得ることができます。
実際、私たちの歩みは
消耗に消耗を重ねるようなものです。
ですから、望みをおくのは私たちの力にではありません、主に、です。

4/19

わたしの民は、とこしえに恥を受けることはない。

（ヨエル書 2：26）

主が救ってくださるなら
とこしえに恥を受けることはありません。
主が贖ってくださるなら
とこしえに恥を受けることはありません。
主が私たちの神であるなら
私たちはとこしえの愛に満たされ、
主が私たちの救い主であるなら
私たちはとこしえの喜びの中に
生きることができます。

4/20

喜んで与える人を神は愛してくださるからです。

（Ⅱコリント 9：7）

喜んで与える人とは、
神から与えられたことを喜び
感謝している人です。
感謝している人は、
与えて失っても、
さらに神から与えられることを
信頼している人です。
それゆえに、
喜んで与える人を神は愛し、
喜んで与える人に神は
さらに恵みを与えてくださるのです。

4／21 　偶像はことごとく滅びる。　（イザヤ書 2：18）

偶像とは、
神以外のものに期待することです。
そしてありとあらゆる偶像にしがみつく罪が
私たちにはあります。
しかし偶像はことごとく滅び、
神のみがとこしえに生きます。
それゆえに、偶像を手ばなし、
神にのみ信頼する道が祝福される者の道です。

4／22 　わたしは既に世に勝っている。　（ヨハネ 16：33）

私たちの主は、既に世に勝っていると
宣言されるお方です。
私たちが世に対し、
あるいは世の勢力や出来事に対し、
もろく、打ちひしがれることがあったとしても、
「わたしは既に世に勝っている」と
告げてくださいます。
このお方の言葉を信じて生きるとき、
私たちは主の勝利の中で歩む喜びに満たされるので
　　す。

4 / 23 生涯、わたしは主を呼ぼう。 （詩編116：2）

主を呼ぶ行為は
生涯にわたるものです。
思い出したときに呼ぶのではなく
生涯、常に呼び続けます。
それは救われた私たちの存在そのものが
祈りとされているからです。
だから生涯、主を呼ぶのです。
悲しいときも、うれしいときも、苦しいときも、穏
　やかなときも主を呼びます。
そしてそのように主を呼ぶことが、やがて喜びとな
　るのです。

4 / 24 彼らは皆、主の名を唱え　一つとなって主に仕え
る。 （ゼファニヤ書3：9）

私たちは、主の名を唱え、一つとなります。
一人の主をたたえることで、
一つであることを確信できるからです。
そして確信するゆえに、一つとなって主に仕えるこ
　とができます。
やがて私たちは、働きはそれぞれでも、
主に仕えるという一つの業に共にあずかっている喜
　びを味わうことができるようになります。

$\dfrac{4}{25}$ わたしは必ず時を選び、公平な裁きを行う。

(詩編 75：3)

不正が満ち溢れる世の中で、
私たちは正しく生きることの意義を
見失いそうになることがあります。
正義が蹂躙されているように感じる世の中で、
主の正義を疑いたくなることもあります。
それでも私たちは、主こそ裁き主であり、
主が罪を放置しないお方である、と信じます。
その主の正義を期待することで、
希望をもって生きることができるようになるのです。

$\dfrac{4}{26}$ あなたは彼らを赦す神　彼らの咎には報いる神で
あった。　(詩編 99：8)

罪は罪として神は対処されます。
それは神の義が罪を放置しないからです。
そのように、罪に対して報いる神であることが
明確であるゆえに、
神が赦すお方であることが恵みとなります。
だから罪を知り、罪を赦された私たちは、
赦す喜びの中で生きるのです。

4 / 27

わたしたちは、この希望によって神に近づくのです。

（ヘブライ7：19）

キリストの助けによって
私たちは神に近づくことができます。
キリストのゆえに神に近づくとき、
私たちは神の愛の確かさに気づかされます。
そしてキリストにおいて、神御自身が私に近づいて
　くださった恵みに気づかされます。
まず神が近づき、神が招いてくださったから私たち
　は神に近づくことができたのだと知るのです。
礼拝とは、まさにそのことを体験する喜びの場なの
　です。

4 / 28

彼らが恐れるものを、恐れてはならない。

（イザヤ書8：12）

世の人々が恐れるものを
主に従う者は恐れる必要はありません。
世の人々が恐れるものは一時的なものであり、
永遠の恐れではありません。
しかし私たちは目の前の一時的なものを恐れ、
主が共におられる力強さを忘れます。
祈りつつ主が共におられると確認しましょう。
目の前の一時的な恐れが消え、
主の力強さがあなたを覆うまで祈りましょう。

$4/29$

わたしを支えてください　そうすればわたしは救わ
れます。　（詩編 119：117）

「わたしを支えてください」と
祈ることがゆるされています。
主の支えを願うことは
弱さではなく、信頼の証しです。
私たちは主を信頼するゆえに
「わたしを支えてください」と祈り、
この祈りに導かれて
救われた喜びと慰めを
大きくすることができるのです。

$4/30$

神よ、わたしは疲れた。　（箴言 30：1）

神と等しくあろうとするから
私たちは疲れます。
神と張り合おうとする驕りがあるから
私たちは疲れます。
私たちの心の重荷は、このように、
神と対等であろうとする罪に由来します。
だから、罪を悔い改め神に従う者は、
張り合うことなく、驕ることなく、
自分の限界を認めて
謙遜のうちを歩むのです。

5／1　必ずあなたがたを強め、悪い者から守ってください
　　ます。　（Ⅱテサロニケ3：3）

悪や罪に対抗する上で、
自分の力は役に立ちません。
自分では抗しきれると思っていても、
すぐに負けてしまいます。
主が強くしてくださる。
主が守ってくださる。
この約束に立つことだけが、
私たちが、喜びと感謝の生活を送る上で、
最も大事であることがわかります。

5／2　神よ、神殿にあってわたしたちは　あなたの慈しみ
　　を思い描く。　（詩編48：10）

神を礼拝する場所で、
私たちは神の慈しみを思い描きます。
そして、神を礼拝する場所で、
私たちはそれまで抱えていたつぶやきが
賛美の声に変えられます。
神殿で、また礼拝で、
神の慈しみに接するとき、
私たちは喜ぶ者に変えられます。
神殿で、神の慈しみを思い描けることは、
私たちの希望となるのです。

5

5/3

万軍の主が定められれば　誰がそれをとどめえよう。　（イザヤ書 14：27）

主が定められるなら
誰もそれに逆らうことはできません。
それほどに主は力強く
すべてを治めるお方だからです。
しかしこのお方の前でなお逆らう罪があります。
それゆえに、悔い改めて主の御手にゆだねることが
すべてにまさります。

5/4

御腕の業を、力強い御業を　来るべき世代に語り伝えさせてください。　（詩編 71：18）

救いの御業は、
時代を超えて働く、主の力ある御業です。
それは自分一人が救われて満足するものではなく、
来るべき世代に語り伝えたくなる恵みです。
そして、来るべき世代に語り伝えたいとの願いが、
人生の終わりの日に至るまで希望に満ちた歩みをさ
　せる力となります。
救いの御業に生き、救いの御業を語り継ぐ。
ここに私たちの喜びの人生があります。

5

5／5　あなたがたは羊のようにさまよっていましたが、今は、魂の牧者であり、監督者である方のところへ戻って来たのです。　（Ⅰペトロ2：25）

さまよっている間は、平安がありませんでした。
主のもとに戻るまでは、
私たちはさまよい、その中で不安と戦っていました。
しかし今や魂の牧者、監督者のもとに戻りました。
このお方の声に聞き、
このお方の言葉に従って歩む中で私たちは、
初めて平安と慰めを得ました。

5／6　主はすぐ近くにおられます。　（フィリピ4：5）

苦しみや悩みの中で
主が遠くに感じられることがあります。
祈りが実現せず、焦りと不安の中で
主を遠くに感じてしまうことがあります。
しかし主はすぐ近くにおられます。
私たちの息遣いもため息も聞き分けるほど近くに
主はおられます。
それを信じるなら、私たちは、
やがて主の息遣いをその耳で聞きます。

5

5 / 7 これが主の栄光の姿の有様であった。わたしはこれ
を見てひれ伏した。　（エゼキエル書 1：28）

主の栄光の前で
私たちは自らの小ささに気づかされます。
そして、このように小さな存在に対しても
惜しみなく愛を注ぎ、
赦しの言葉を語りかけてくださる恵みを知ります。
主に対してひれ伏すことが喜びとなり、ひれ伏すこ
　とこそが幸いだと告白するようになります。
その喜びと幸いを、
私たちは礼拝によっていつもいただいていることを
感謝と共に思い起こします。

5 / 8 世は自分の知恵で神を知ることができませんでした。
（Ⅰコリント 1：21）

私たちがどれほど知識を積んでも
神を知ることはできません。
ましてや、知識を蓄えたからといって
神を信じることはできません。
救いは知識によらず、
神を信頼するところから始まります。
この信頼に生きるときに、
恵みによって見いだされ、救い出された喜びの中で
神を知ることができます。

5

5／9

おのおのの仕事は明るみに出されます。

（Ⅰコリント 3：13）

神の前に、隠しておけるものはありません。

すべてのことが明るみに出されます。

けれども、私たちは神を忘れ、

神に気づかれないと錯覚しています。

しかし、終わりの日にはすべてのことが明るみに出
　され、神からその責任を問われます。

それゆえに、私たちは隠しておいた罪を告白して
　日々悔い改めるのです。

救われ、感謝をもって生きる人生はその先にありま
　す。

5／10

知らずに犯した過ち、隠れた罪から　どうかわたし
を清めてください。　（詩編 19：13）

悔い改めは、気づいた罪だけのものではなく、知ら
　ずに犯した罪についてもなされます。

気づいた罪でさえも悔い改めることに疎いのが私た
　ちの本性であるならば、知らずに犯した罪につい
　てはなお、悔い改めから程遠いと言わざるを得ま
　せん。

それゆえに常に罪人であることを意識し、しかし救
　われた恵みを思い起こすことで、気づいた罪のみ
　ならず知らずに犯した罪についても真剣に悔い改
　めの祈りをするのです。

5 / 11　羊はその声を知っているので、ついて行く。

（ヨハネ 10：4）

私たちがついて行くべき声は、
私たちを救ってくださったイエスさまの声だけです。
しかしさまざまな声が混ざり合い、
イエスさまの声が聞こえにくくなることがあります。
そのときには、心をしずめて祈り、
イエスさまの声に耳を傾けることに集中します。
やがて、「共にいる、行こう」との声を聞き、
イエスさまの後に従うとき
私たちの歩みは喜びに満たされるのです。

5 / 12　見よ、わたしはお前たちの中に霊を吹き込む。すると、お前たちは生き返る。　（エゼキエル書 37：5）

生気を失ったような日々の中で
悩みと嘆きに支配されるとき、
私たちは主のものとされ、
主に霊を吹き込まれ
生きる者とされている恵みを思い起こすのです。
主が霊を吹き込まれたとき
命が枯れていた者が生き返りました。
そして主の霊の息吹の中で、
永遠の命の喜びと希望とをもって
歩む者とされました。その幸いに感謝するのです。

5

5/13 神の御心を行って約束されたものを受けるためには、忍耐が必要なのです。　（ヘブライ 10：36）

私たちが避けたいものの一つが「忍耐」です。

しかし、聖書は「忍耐」を、信仰生活に不可欠のものとして語ります。

それは、「忍耐」は「希望」と結びついているからです。

忍耐するから希望があるのではなく、希望があるから忍耐できる、と言います。

この、希望に対する約束に立つから、私たちは忍耐を信仰の大切な歩みとして受けとめるのです。

5/14 あなたはキリスト・イエスにおける恵みによって強くなりなさい。　（Ⅱテモテ 2：1）

イエスさまの恵みを信じるとき私たちは強くあることができます。どんな困難にもくじけず、どんな悩みにも倒れず、イエスさまがおられるから大丈夫と告白できるようになります。

イエスさまの恵み以外のものでは私たちが強くなることは決してありません。イエスさまの恵み以外のものは私を裏切るからです。

それゆえに、私たちはイエスさまの愛を求め、決して見捨てられない約束の中で強く生きることを求めていきます。

こうして私たちは、イエスさまによって強くさせられていきます。

5

5／15　その御業はまこと、その道は正しく、驕る者を倒される。　（ダニエル書4：34）

主の御業はまこと。
それゆえに、主の慈しみを期待することができます。
主の道は正しい。
それゆえに、主の救いに生きることが希望になります。
主は驕る者を倒される。
それゆえに、私たちは慰められます。
だから、
このお方に見いだされ、救われていることが
私の人生そのものであると、喜ぶことができます。

5／16　わたしたちは皆、神の裁きの前に立つのです。
　　　　　　　　　　　　　　　　　　（ローマ14：10）

誰もが裁きの前に立ちます。
だから、救われてもはや裁かれることはないという
　恵みがどれほど大きなことかがわかります。
主の贖いのゆえにもう裁かれることはない。
この恵みを思うとき、私たちは初めて赦しに生きる
　ことができるようになります。
救われた者として人を愛し、愛されている者として
　人を赦すのです。
ここに、裁きの日を、希望をもって待ち望む私たち
　の信仰生活があります。

5

5/17

雄々しくあれ、恐れるな。見よ、あなたたちの神
を。　（イザヤ書 35：4）

人を見る者には恐れが伴い、
神を見る者は恐れから解放されます。
人の目を気にして私たちは委縮し、
神を見つめて私たちは愛の力強さに立ちます。
だから神を見上げること、
神を見つめること。
そこに私たちの生きる希望があり、
恐れに支配されない
感謝の歩みがあるのです。

5/18

今まで祈っていたのは、訴えたいこと、苦しいこと
が多くあるからです。　（サムエル記上 1：16）

訴えたいことがあるときに祈っても
すぐに諦め、やめてしまうことがあります。
苦しいことが多いとき、
祈るべきだとわかっていても、
祈らないことがあります。
そのようにして祈りから遠ざかることで
私たちは悩みを深くします。
むしろ訴えたいこと、苦しいことが多ければ多いほ
　ど私たちは祈り、
祈ることによって慰めを得たいのです。

5

$\dfrac{5}{19}$ これまで一度も通ったことのない道であるが、あなたたちの行くべき道は分かる。 （ヨシュア記3：4）

一度も通ったことがないのに「分かる」、と約束されます。

一度も通ったことのない道は私たちにとって不安に満ちています。

しかし主が共におられるなら、一度も通ったことがなくても、安心して進んで行けます。

なぜなら、傷つき倒れても主が手を取って起こしてくださると知っているからです。

そして、「行くべき道は分かる」との約束がそのとおりであったと喜びながら知るのです。

$\dfrac{5}{20}$ あなたを見放すことも、見捨てることもない。
（ヨシュア記1：5）

主に従う者に対し、見放すことはないと約束されます。だからこそ私たちは安心して生きることができます。

主に従う者に対し、見捨てることもないと約束されます。だからこそ私たちは希望をもって生きることができます。

むしろ、私たちの方が主を見放し、見捨てようとして自らを苦しみへと追いやっていた罪があったことを思い知らされます。その罪を悔い改めて主の約束に生きるのです。

5

5/21 主を求めよ、そして生きよ。　（アモス書5：6）

生きることが先ではなく、
主を求めることが先です。
主を求めることなしに生きても
本当の命には至りません。
しかし私たちは主を求める前に生きようとし、
そのために労苦を重ねています。
その生き方を転換するのが信仰です。
それゆえに信仰者の順番は、まず主を求め、
そして生きる、のです。

5/22 わたしたちは、キリストの威光を目撃したのです。
　　　　　（Ⅱペトロ1：16）

キリストの威光を目撃し、キリストの救いにあず
　かった者は、その喜びを語り出します。
キリストの威光と、そこに満ちる愛の豊かさと確か
　さを知り、キリストの愛に生きたいと願うように
　なるからです。
それがどれほど困難で労苦に満ちていても、主が愛
　してくださっているから、という事実がその歩み
　を支えます。
そしてこのように歩む救われた者には、いつも喜び
　が満ちているのです。

5／23 管理者に要求されるのは忠実であることです。

(Ⅰコリント4：2)

救われた私たちは、
恵みの管理者として立てられています。
その私たちに要求されていることは、
恵みをくださる神への忠実さです。
神に対して忠実であることによって、
その恵みにあずかることが何ものにもまさる喜びで
　あると、人々に伝えることができます。
それが、恵みの管理者の特権なのです。

5／24 罪状をお前の目の前に並べて　わたしはお前を責め
る。　(詩編50：21)

自分の罪をすべて並べられたなら、
私たちはなすすべがありません。
その罪について責められたなら、
私たちはただ黙って受け入れるしかありません。
その罪が、御子の十字架によって赦されました。
この喜びの知らせがあるからこそ、
私たちは罪を責め立てる者ではなく
愛と赦しと祝福を語る者として生きるのです。
愛と赦しと祝福の言葉で満たされていることが
どれほど大きな恵みであるかを知るからです。

5

5/25

しかし、あなたは罪を赦す神。 （ネヘミヤ記9：17）

神は罪を赦す神です。
罪を見逃す神ではなく、赦す神です。
罪を見逃された者は再び罪を犯し、
罪を赦された者は罪を犯さないように願って生きま
　す。
だから神が罪を赦す神であられるとき
私たちは赦された喜びをもって生きる者となります。
罪が追い迫り、罪に堕してしまっても、
赦された私、という恵みを思い起こし、
感謝して生きることができるようになります。
その歩みを生み出す基が、
罪を赦す神、との告白なのです。

5/26

彼らを恐れることなく、あなたの神、主がファラオ
およびエジプトの全土になさったことを思い起こし
なさい。 （申命記7：18）

主の救いの御業がいかに大きなものであるかを思い
　出すなら私たちは何も恐れる必要がなくなります。
命の危険が迫り、苦しみが増大するときでも、主の
　救いの御業がいかに大きなものであるかを思い出
　すなら、私たちはその中でも平安になります。
私たちが不安になるのは、主の救いの御業を信頼し
　きっていないからです。

$\dfrac{5}{27}$ わたしは植え、アポロは水を注いだ。しかし、成長
させてくださったのは神です。　（Ⅰコリント3：6）

自分の手がらを求めるかぎり
人は謙虚になれず、罪の闇に放り込まれます。
自分の手がらを主張しているかぎり、人は柔和にな
　れず、争いと不和を引き起こし続けます。
成長させてくださったのは神。
この信仰に立たなければ、人は妬みと争いの渦から
　抜け出すことができません。
この信仰に立つならば、すべて感謝となって妬みは
　愛に、争いは平和に変えられます。

$\dfrac{5}{28}$ わたしは訴えをあなたに打ち明け　お任せします。
　　　　　　　　　　　　　　　　（エレミヤ書11：20）

最初から神に任せきりにしてしまうのではなく
訴えを打ち明ける祈りが大切です。
心の内にあることを押し殺して隠したまま
「神さまお願いします」と放り投げるのではありま
　せん。
すべての思いとすべての言葉を注ぎ出して祈り
もう祈れないほど祈った後に、
「お任せします」と信頼して祈るのです。
だから、「お任せします」という祈りの言葉は、
投げやりな言葉なのではなく
信頼と感謝の言葉なのです。

5

5/29　キリストは御子として神の家を忠実に治められるのです。　（ヘブライ3：6）

神の家である教会は、
キリストによって治められています。
それゆえにそこには愛と赦しが満ちています。
神の家である教会に連なる私たちも、
キリストによって治められています。
それゆえに私たちも愛と赦しに
生きることができるようになります。
このキリストのご支配の中でこそ、
私たちは喜びをもって歩むことができます。

5/30　悩む心を解き放ち　痛みからわたしを引き出してください。　（詩編25：17）

生きる上で悩みは避けられません。
生きる上で痛みも避けられません。
その悩みと痛みから
どのように逃れるべきか。
詩人が主に向かってそれを願ったように
私たちも主に願います。
そのとき、自分の力では逃れられなかった悩みや痛みも、主によってすでに解放されていることを知るのです。

5

5／31　苦しむ人、貧しい人は水を求めても得ず　渇きに舌
は干上がる。　（イザヤ書41：17）

　主を求めずに水を求めるなら干上がります。
　しかし私たちは主を求める前に水を求め
　順番を間違えます。
　欲しいものを求めるのではなく、
　欲しいものを与えてくださる主を求めなければ
　私たちは干上がります。
　だからまず主を求め、
　主に必要なものを願う信仰に生きるのです。
　そのとき初めて渇きは癒やされます。

5

6 / 1

わたしは心に留める、主の慈しみと主の栄誉を　主
がわたしたちに賜ったすべてのことを

（イザヤ書 63：7）

主の慈しみを心に留めるとき私たちは慰められます。
主の栄誉を心に留めるとき私たちは感謝に溢れます。
そして主が私たちに賜ったすべてのことを思い返す
　とき、私たちは喜びに満たされます。
このように、主に救われ、愛されて生きることにお
　いてのみ私たちは平安に生きることができるよう
　になります。

6 / 2

まことに、ユダの人々はわたしの目の前で悪を行っ
た、と主は言われる。　（エレミヤ書 7：30）

私たちの行いは、
すべて主に対するものです。
人に対して犯した罪も、
主に対して犯した罪と見なされます。
だから主の目の前で悪を行っているという
畏れが薄れるとき
私たちは人に対して悪を行うのです。
そして平安を失い、悩みを深くします。
それゆえに、私たちはまず主に対して悔い改め、
次に人に対して悔い改めるのです。

6

いにしえの神は難を避ける場所　とこしえの御腕が
それを支える。　（申命記 33：27）

苦しみの中で、神に向かって逃げることができます。
しかし私たちは、神に向かって逃げることよりも自
　分の力で解決しようとします。
そして神の御腕の支えのないところで
傷つき、倒れ、絶望します。
神に向かって逃げることは恥ではなく、
守られ、力を得る恵みです。
神は難を避ける場所と確信できるから
私たちは絶望することなく生きられるようになるの
　です。

わたしにふさわしいときに、御手をもって　追い迫
る者、敵の手から助け出してください。
（詩編 31：16）

詩人は「わたしにふさわしいときに」助け出してく
　ださいと祈りました。
私たちの願いは、すぐに助け出されることであり、
　自分の希望したときに助け出されることです。
けれども詩人は「わたしにふさわしいときに」と祈
　り、助けられるタイミングを主にゆだねました。
それは、主が必ず助けてくださるとの強い信頼ゆえ
　の祈りであり、この信頼に生きるなら、私たちも
　「今すぐに」と焦る心から解放されます。心を鎮
　めて平安に待つことができるようになります。

6

$6 / 5$ わたしはあなたたちのただ中にわたしの住まいを置き、あなたたちを退けることはない。

（レビ記 26：11）

主が私たちのただ中に住んでくださる。
そのゆえに私たちは主が共にいてくださる喜びと
希望とに生きることができます。
また私の歩みが支えられ、強められる幸いを
いだくことができます。
そして、退けられることはない、という
主の愛による慰めによって、
安心して歩むことができるようになります。

$6 / 6$ 笑っていても心の痛むことがあり　喜びが悲しみに終ることもある。　（箴言 14：13）

笑っているからといって楽しんでいるわけではあり
　ません。
心にある痛みや悲しみを隠すために笑うこともあり
　ます。
不安や恐れに支配されているから笑うこともありま
　す。
そして、喜びが悲しみに終わることも知っています。
ですから、そこには本当の笑いはありません。
しかし、だからこそ、死に勝利された主、そのゆえ
　に心からの笑いと喜びをくださる主がおられるこ
　とが私たちの希望なのです。

あなたの庭で過ごす一日は千日にまさる恵みです。

(詩編84：11)

主の神殿で過ごす「一日」はそれ以外の千日にまさ
る恵み、と詩人は告白しました。

現代風に言えば、教会で過ごす「一日」は教会の外
で過ごす千日にまさる恵み、となります。

その「一日」をふいにすることが人生においてどれ
ほど大きな損失であるかを詩人は示します。

その「一日」をふいにしても何とも思わない罪を人
間は抱えています。

神殿における「一日」の恵みを知る者は、天の御国
に永遠に住まう恵みの大きさに気づかされ、だか
ら主の庭を心から慕い求めるようになるのだ、と
詩人は告白したのです。

**悪魔の働きを滅ぼすためにこそ、神の子が現れたの
です。** （Ⅰヨハネ3：8）

私たちの力では悪魔やその誘惑に勝つことはできま
せん。

そのためにイエスさまが悪魔の試みに遭われ、勝利
され、また十字架の死の後に復活して死に勝利さ
れました。

それゆえにイエスさまに頼り、イエスさまに従うこ
とによってのみ私たちはあらゆる誘惑や、悪魔の
働きから逃れることができるようになります。

6

$\dfrac{6}{9}$ 主は彼らのために岩から水を流れ出させる。岩は裂け、水がほとばしる。　（イザヤ書48：21）

裂けるはずのない岩が裂け
水が流れ出ると約束されます。
それは、どのような状況でも
主の恵みは尽きない、という約束です。
ここから水は出ないだろう、
ここから恵みは出て来ないだろう、という
人間の思惑を打ち砕くのが主の御業です。
だから私たちはどんな状況に遭遇しても
絶望はしません。
岩を裂く主の恵みに期待して歩みます。

$\dfrac{6}{10}$ 遠くにいる者よ　わたしの成し遂げたことを聞け。近くにいる者よ、わたしの力強い業を知れ。

（イザヤ書33：13）

遠くにいても近くにいても、主の力強い業、救いの業は聞かれ、また知られます。
それほどに主の業は力強く、救いは力に満ちています。
そして私たちはその力強い主の救いにあずかったのです。
だからいつも主の救いの業を思い起こし、力強い救いに支えられて生きていられることを私たちの喜びとするのです。

6

6／11 憐れみ深く、貸し与える人は良い人。裁きのとき、
彼の言葉は支えられる。　（詩編112：5）

貸し与える愛に生きる人は、
裁きのときに貸し与えた以上の祝福を受けます。
反対に、貸し与える愛に生きない人は、
裁きのときにその言葉は支えられません。
そして貸し与えることができるのは、
与えて失っても、主がそれ以上に与えてくださると
　信じているからです。
だから貸し与えると損だ、とは思わずに、
貸し与えることによってそれ以上の祝福をいただけ
　る希望を大きくするのです。

6／12 あなたがたの中で苦しんでいる人は、祈りなさい。
喜んでいる人は、賛美の歌をうたいなさい。

（ヤコブ5：13）

苦しみの中では、神に向き合うよりも、
苦しみの現実の方が大きく目に映ります。
だから、苦しいときには、
祈りを忘れていることがあります。
喜びの中にあるときにも、
賛美をすることを忘れていることがあります。
苦しみの日にも、喜びの日にも神と向き合えない現
　実があります。
難しいことです。だからあえてここで、祈り、賛美
　することを命じているのです。

6

6 / 13　だから、人にしてもらいたいと思うことは何でも、あなたがたも人にしなさい。　（マタイ7：12）

私たちには、受け取ることができたら与える、という感覚があります。だから、受け取っていないのに与えることを躊躇します。

しかし、イエスさまが言われたことは、してもらったからしなさい、ではありません。

してもらったらうれしいと思うことがあるだろう、それをしてもらう前に、まずあなたがしなさいと言われました。

それは私たちの努力ではできません。私たちが求める前に命を捨ててくださったイエスさまの愛にただ頼ることによって開かれる道です。

6 / 14　見よ、わたしは今日、あなたたちの前に祝福と呪いを置く。　（申命記11：26）

神に対しては、信じるか信じないか、しかありません。

なぜなら、神は、半分だけ私たちを愛しておられるのではなく、全存在をかけて私たちを愛しておられるからです。

それゆえに、神の全力の愛を、中途半端に受けようとすることは、愛に対する冒瀆です。

私たちは、愛と祝福をいただいた者として、全力で神を愛することが喜びだと言いたいのです。

6

6/15 主の聖なる人々よ、主を畏れ敬え。主を畏れる人には何も欠けることがない。　（詩編 34：10）

主を畏れる者は、主にすべてをゆだねる者です。
主を畏れる者は、主にすべてのことについて祈る者です。
その信頼の中で生きるとき、主を畏れる者は、主の支えはどこにでもあることを知ります。
それゆえに、主を畏れる者は、何も欠けることがないという安心を得て歩むことができます。

6/16 泉の同じ穴から、甘い水と苦い水がわき出るでしょうか。　（ヤコブ 3：11）

私たちは矛盾を抱えています。
考えている言葉と口に出す言葉、思っている行動と実際の行動、それぞれが異なる矛盾を抱えています。
主のためにのみ生きるべきだと思いながら、その逆をしてしまう矛盾を抱えています。
そのような矛盾を抱えている罪を、目をそらさずに認め、悔い改めて生きることが救われた者の生き方です。

6/17

わたしには分かっている。わたしの死んだ後、あなたたちは必ず堕落して、わたしの命じた道からそれる。　（申命記31：29）

心変わりをするのが人間です。
主に従います、と言いながら、
現実には主に従わない生き方になり、
主を愛します、と言いながら、
現実には自分を愛することに夢中になります。
人間は心変わりをします。
だからこそ、心変わりすることなく
私を愛してくださるお方がおられること、
それを信じて悔い改めに生きることが
私たちを支えるのです。

6/18

子らよ、わたしに聞き従え。主を畏れることを教えよう。　（詩編34：12）

子どもたちに教えなければならないのは、
主を畏れること、ただそれだけです。
他の何を教えられなくても、
主を畏れることを教えることができたなら、
親としての務めを十分に果たしたと、言われます。
けれども、主を畏れることを教えるのは
簡単ではありません。
伝える者自身が、
畏れをもって主に祈りながら歩むしかありません。

6

6／19

王はその律法の書の言葉を聞くと、衣を裂いた。

（列王記下 22：11）

主の言葉を聞いて自分の罪に気づかされます。

気づかされたその罪を認めることが謙遜であり、その罪を認めず言い訳をするのは更なる罪です。

もちろん、罪を認めることは

私たちにとって苦しいものです。

しかし、その苦しみを愛し、罪の身を心から悲しみ、その罪を認める者を主は赦し、御手のうちに支えてくださいます。

6／20

神の賜物を金で手に入れられると思っているからだ。

（使徒 8：20）

お金で手に入れられないものはない。

人は傲慢にもそのようにつぶやきます。

また、私たちの生きる世は、お金がすべてであるかのような錯覚を提供し続けます。

だから神の賜物さえ、お金で手に入れられると考える罪を犯します。

しかし、救いや神の賜物は、お金では決して手に入れることはできません。

そのような貴重なものだからこそ、いただいた救いと賜物を大切にして生きることが私たちの生き方となります。

6

6/21

愛は多くの罪を覆うからです。　（Ⅰペトロ4：8）

罪を覆うとは、罪をなかったことにするのではありません。

むしろ、罪を含めて受け入れ、それをなかったもののように見なすということです。

実際私たちは、キリストの愛によって罪が覆われました。

罪がなかったことになったのではなく、罪人である私が愛され、受け入れられ、赦されたのです。

そしてそのように愛された者だからこそ、罪に対する深い悔い改めが起こりました。

6/22

あなたがたはこの世に倣ってはなりません。

（ローマ12：2）

神の声に聞き従い、神の御心を求めて生きることは、世のならわしに逆らうので労苦を伴います。

自分のためにのみ生きるべきと訴える世の声は耳に心地よく、快適な人生を約束しているように聞こえます。

しかし私たちは、世に倣って生きることは、ひと時の愉悦であっても滅びに至り、神に従って生きることは、ひと時の苦難であっても尽きない喜びに満たされるということを知っています。

6

6/23

あなたたちがわたしを呼び、来てわたしに祈り求めるなら、わたしは聞く。 （エレミヤ書 29：12）

主に祈らずに生きるとき、
私たちは希望を見失います。
私たちは、私の祈りを聞いてくださるお方がいると
　知らされています。
どんなときにも耳を傾け、
どんな言葉も聞いてくださる主がおられるから、
私たちは安心して呼びかけ、
呼びかけることで平安を得て生きることができるの
　です。

6/24

聖なる御名を誇りとせよ。 （詩編 105：3）

自分の中に誇れるものがほしいと、誰もが願い、世
　もそれを要求します。
しかし、世が求める誇り、またそこで人が誇るもの
　は、優越感と劣等感しか生まず、希望を生み出す
　ことがありません。
主を信じる者は、聖なる御名を誇ります。
それは、私がこのお方によって救われていること、
　永遠に愛されていることへの誇りです。それこそ
　が、真の希望をもたらすと知っている誇りです。

6

6/25 渇いている者には、命の水の泉から価なしに飲ませよう。 （黙示録 21：6）

価なしに恵みをくださるのが
私たちの神です。
私には支払えるものが何もありませんと言っても、
私には受ける資格がありませんと言っても、
恵みを価なしにくださるのが神です。
だから、この恵みをいただいたとき、
無条件に愛され、赦される喜びを知ります。
人から受けたことがない無条件の愛と赦しを知り、
それに生きることができる幸いを得るのです。

6/26 あなたは多くの災いと苦しみを　わたしに思い知らせられましたが　再び命を得させてくださるでしょう。 （詩編 71：20）

災いと苦しみの中で主の恵みを信じることは簡単で
はありません。
むしろ、その災いと苦しみによって主の愛を疑い、
不信をつのらせます。
しかし詩人は、苦しみの中にあって再び命を得させ
られると確信しました。
それは、主を信じる者を、主は決して見捨てること
がない、という信仰があったからです。
そして、この信仰に、私たちも生かされています。

6

$\dfrac{6}{27}$ 急いでいちばん良い服を持って来て、この子に着せ、手に指輪をはめてやり、足に履物を履かせなさい。

(ルカ 15：22)

さまよったあげく放蕩に身をやつした者をさえ、父
　は最上のものをもって迎え入れてくださいます。
捨てられ、軽蔑され、勘当されても仕方のない者を
　父は最上のもので受け入れてくださいます。
私たちの神がこのような父であることを知り、その
　父である神のもとに帰ることが慰めとなると知ら
　されました。
それゆえに、「父よ」と呼ぶ悔い改めの祈りに生き
　ることが、私たちの安心の源なのです。

$\dfrac{6}{28}$ 不正を好む曲がった世代はしかし、神を離れ　その傷ゆえに、もはや神の子らではない。

(申命記 32：5)

どの時代も、神に従わないかぎり、
不正を好む曲がった世代と呼ばれます。
私たちもまた、不正が満ちる世代、
また、曲がった世に生きています。
ところがそんな世でありながら、
本来は神の子と呼ばれ得ない者が、
主の救いによって神の子とされています。
この救いが示されているからこそ、
この時代にも私たちには希望があると
確信できるのです。

6

6/29

「わたしは生きている」と　その御名を万軍の主と
呼ばれる王は言われる。　（エレミヤ書46：18）

主は生きている。
だからこそ主の救いの業を信じ、主の御手にすがる
　ことが希望となります。
しかし、主が生きておられることを忘れる罪、
生きて働かれる主に期待しない罪に、
私たちは支配されます。
それでも、生きておられる主は救いの業を休まれる
　ことはありません。
この恵みを思い起こし、生きておられる主と生きた
　交わりの中で歩む者でありたいのです。

6/30

イスラエルの人々が主に助けを求めて叫んだので、
主は彼らのために一人の救助者を立てられた。

（士師記3：15）

主に助けを求めるとき、主は応えてくださいます。
むしろ私たちは苦難の中で、
主に助けを求めるよりも、
自分で解決するほうが良いと考えます。
自分で自分を助けることが空しいのに、
そこに期待してしまいます。
しかし主を信じる者は主に助けを求め、
主は必ず応えてくださるという
希望に生きるのです。

7 / 1

兄弟たち、裁きを受けないようにするためには、互
いに不平を言わぬことです。　（ヤコブ5：9）

不平を言い合うのは、
自己主張と裁き合いのゆえです。
自分こそが正義だと傲慢になっている時に、
互いに不平を言い合います。
それはまことの裁き主を軽んじる罪であり、
自分が神にとって代わろうとする罪です。
それゆえに、不平を言い合うのではなく、
救われた喜びをもって
互いに感謝をもって生きることが、
救われた者の生き方だと、示されているのです。

7 / 2

わたしは魂を沈黙させます。わたしの魂を、幼子の
ように　母の胸にいる幼子のようにします。

（詩編 131：2）

主に向かって魂を沈黙させ、
すべてをゆだねることが大事です。
さまざまな出来事の前で
私たちの魂は騒ぎたちます。
だからこそ、母の胸にいる幼子のように、
私たちは主にすべてをゆだねます。
そのとき、私たちの周りがどれほど騒がしくても
私たちは主の懐の中で、
安んじていることができます。

7 / 3

彼が書を開くと民は皆、立ち上がった。

(ネヘミヤ記 8：5)

神の言葉に出会ったとき、
人はそのおごそかさに出会います。
ある者は立ち上がって敬意を表し、
ある者はひれ伏して崇敬を表します。
神の言葉の前で
どれほど謙遜になれるかが重要です。
そして謙遜な者は
むしろおごそかなる神の言葉に癒やされ、
神の言葉を喜ぶようになるのです。

7 / 4

あなたは、自分の好む場所で焼き尽くす献げ物をさ
さげないように注意しなさい。 (申命記 12：13)

自分を中心に考え、
自分の好む場所で焼き尽くす献げ物をささげても、
本当の礼拝にはなりません。
形が大事だというのではなく、
自分中心に考えているからです。
神を中心とし、神に従う心が重要です。
私たちもまた、心においても体においても、
神が用意してくださった場所で礼拝することが
真の礼拝となります。

7／5　　主において常に喜びなさい。　（フィリピ4：4）

現実的には常に喜んでいることは難しいものです。
さまざまな労苦や悩み、また葛藤が
日々の生活から離れないからです。
けれども、その生活の中に「主において」という
信仰があると変わります。
それは、苦しみも葛藤も理解し、赦し、慰めてくだ
　さる救い主が共に歩んでおられることを信じる生
　活だからです。だから、「主において」常に喜ぶ
　ことができるのです。
「主において」を生活の中に根づかせるところに、
　信仰者としての歩みがあると言えます。

7／6　　見えるものに対する希望は希望ではありません。
　　　　　　　　　　　　　　　　　　　（ローマ8：24）

見えるものに対する希望は、具体的であり、現実的
　であり、私たちにとってわかりやすいものです。
けれども見えるものに対する希望は、死に耐えるこ
　とができず、永遠に耐えることができません。
それゆえに見えるものに希望を寄せる者は、
真の希望を失うことになります。
しかし私たちは見えない神を信じ、
見えない永遠の命に生かされている者です。

7/7 あなたたちは同胞に重荷を負わせているではないか。
(ネヘミヤ記 5：7)

民が苦しんでいるのに利益を享受する貴族と
役人に対するネヘミヤの非難の言葉です。
隣人への思いやりを欠くとき、
人は自分の利益のみを求めるようになります。
隣人がどれほど重荷を負って苦しんでいても、
平気な顔で見過ごす傲慢な人間になります。
他方、主に従い、主に愛されている者は、
主の憐れみの心に導かれ
隣人の重荷を軽くし、共に担うことを
願うようになるのです。

7/8 自分を愛してくれる人を愛したところで、あなたがたにどんな報いがあろうか。 (マタイ 5：46)

自分を愛してくれる人を愛することは容易です。
しかしそれは本当の愛ではありません。
本当の愛は、相手が誰であるかを問うものではない
　からです。
しかしその本当の愛を私たちは持っていません。
ただ、神に愛されるはずのない私が愛されたという
　事実に感謝することによってのみ、どんな相手で
　あれ、愛をもって向き合うことができるように変
　えられるのです。

7/9

肉なる者は皆、草に等しい。永らえても、すべては
野の花のようなもの。　（イザヤ書40：6）

人間自身のはかなさを思い知らされます。

はかないからこそ、私たちは自分自身のことについ
　て必死になります。

そして必死になればなるほど、死をもって終わる現
　実に突き当たり、空しさを増します。

けれども神の言葉に立ち、永遠の命に立つ者は、は
　かなさを超えた恵みと喜びに生きることができま
　す。ここに救われて生きる者の幸いがあります。

7/10

命ある人間で、死を見ないものがあるでしょうか。
　　　　　　　　　　　　　　　　　　（詩編89：49）

人は必ず死の時を迎えます。

死を避けることはできません。

この「死」をどのように受け止めるかが問われます。

すべてを失う絶望と理解するなら、「今」さえ良け
　れば十分だと考え、自分を中心にした生き方にな
　ります。

永遠の命への入り口であると理解するなら、「今も
　これからも」どのように生きることが主に喜ばれ
　るのかを考えるようになります。

死を超えた命に救い出された者は、自らの死の時に
　向き合いながら、与えられた残りの人生も感謝を
　もって歩むことができるように変えられるのです。

7／11

それで、自分を頼りにすることなく、死者を復活させてくださる神を頼りにするようになりました。

（Ⅱコリント 1：9）

自分を頼ることは、
簡単な道ですが、必ず行き詰まります。
しかし私たちは神を頼ります。
私たちの神は、死者を復活させる神です。
御子の復活がそれを証ししています。
そして、死に打ち勝つ神の恵みに私たちは生かされ
　ています。

7／12

彼らを贖われる方は強い。その御名は万軍の主。

（エレミヤ書 50：34）

主の贖いの力は、
人間のどのような力にもまさります。
それは、罪を明らかにし、
しかし、その罪を赦す権威があります。
この赦しの権威の中で生かされるとき、
私たちは、自分がどれほど惨めでも、
主の赦しのゆえに絶望することがありません。
贖われる方の強さに支えられて生きることが
慰めとなるのです。

7/13 　主はあなたのために、御使いに命じて　あなたの道
　　　のどこにおいても守らせてくださる。

(詩編 91：11)

主が守ってくださることを信じる者は幸いです。
私たちは自分が自分の守護者であろうとし、
しかしその弱さゆえに落ち込みます。
それなのに主に頼らず、
自分を頼りとし、憂いを深くします。
反対に、主が守ってくださると信頼する者は、自分
　の弱さや憂いの中にあっても、主が助けてくださ
　る希望の中に生きることができるのです。

7/14 　明日、わたしは神の杖を手に持って、丘の頂に立つ。
(出エジプト記 17：9)

神が共に立ち、
神が先頭に立ってくださる。
この約束があるから、
私たちは困難を前にしても、
恐れることなく、
ひるむことなく歩むことができます。
神が切りひらいてくださる道を歩むがゆえに。
神がわが道に共にいてくださると
信じることができる幸いがこの道にはあります。

7/15

あなたを破壊した者は速やかに来たが　あなたを建てる者は更に速やかに来る。　（イザヤ書 49：17）

主が救ってくださるとき、それは速やかであると約束されます。

それでも私たちは、いつまでも待たされていると感じることがあります。

けれども、主の救いが確かであることを信じるとき、待たされていながらも、すでに救いの御手の中にある安心を得ることができます。

たとえ目に見えなくとも、すでにその速やかな救いは私たちの元に来ているのです。

7/16

イエスは涙を流された。　（ヨハネ 11：35）

イエスさまが涙を流されました。

イエスさまは冷酷無比な神ではなく、

むしろ心を震わせ、心をあらわにしてくださる慈しみ深い神であることがわかります。

冷たい神ではなく、人間風に言えば、血の通う神として共にいてくださいます。

そして私たちはこのお方に愛され、赦され、

共に歩く恵みをいただいているのです。

7 / 17 血まみれのお前に向かって、「生きよ」と言ったのだ。
(エゼキエル書 16：6)

主こそが生かしてくださる。
主こそが「生きよ」と告げてくださる。
しかし私たちは自分で生きているように傲慢になり、
自分で生きられるかのように不遜になり、
自分こそが主人であるかのように横柄にふるまい、
主に生かされていることを忘れる罪に支配されてい
　ます。
けれども私たちは、主の「生きよ」との宣言によっ
　て、生きていることそのものが主なる神の憐れみ
　であることを思い起こさせられるのです。

7 / 18 道を正す人に　わたしは神の救いを示そう。
(詩編 50：23)

道を正す、とは、
自分の思いを退け、行いを慎むことです。
それは、自分の道ではなく、
神の道こそが正しい、という信仰のあらわれです。
それゆえに、
道を正す人とは、神の道を歩むことを
ひたすら求める人のことです。
やがてその道に神の救いが示され、
救われた喜びがその人の人生を覆います。

7/19

忘れないでください　わたしの命は風にすぎないこ
とを。　（ヨブ記 7 : 7）

労苦を前にして、
人は自分の命のはかなさを思わされます。
どれほど充実していたと思っても、
吹けば飛んでしまうようなものであることに
気づかされます。
だからこそ、
主に向かって「忘れないでください」と訴える
祈りの言葉を持っていることが希望になります。
風にすぎない者を、
主は忘れないと約束してくださるからです。

7/20

わたしの口は人の習いに従うことなく　あなたの唇
の言葉を守ります。　（詩編 17 : 4）

口から出る言葉を
人の言葉に習わせるのか、
それとも神の言葉に習わせるのか。
私たちは、人の言葉に習うとき
傲慢と卑下に満ちることを知っており、
神の言葉に習うとき
感謝と希望に満ちることを知っています。
ですから、私の口に
人の言葉ではなく、
神の愛の言葉を満たすことを祈り求めるのです。

7 / 21
しかしヨナは主から逃れようとして出発し、タルシシュに向かった。（ヨナ書1：3）

主から逃れようとすることがあります。
しかし、主から逃れても平安はなく、
主がおられない所には希望もありません。
主がおられるなら、苦難の道にも希望があり、
主がおられなければ、平らな道も苦痛になります。
それゆえに私たちは主から逃れる苦痛の道ではなく、
主がおられる希望の道を選ぶのです。

7 / 22
彼らの王が彼らに先立って進み　主がその先頭に立たれる。（ミカ書2：13）

主が先頭に立ってくださるので
私たちは安心してついて行くことができます。
道に迷いそうになっても、
先頭におられる主のお姿を見て
正しい道に帰って来ることができます。
あるいは道に迷っても、
先頭におられる主の呼びかける声に導かれて、
戻って来ることができます。
先頭を行かれる主がおられるゆえに、
私たちの歩みが支えられていることがわかります。

7/23

あなたの豊かな収穫とぶどう酒の奉献を遅らせては
ならない。 （出エジプト記22：28）

神への感謝を遅らせてはなりません。
私たちは恵みが与えられたとき、
それを神に感謝するよりも、
自分の努力の結果だと考えます。
しかし神の助けなしにはどんな結果もありません。
だから私たちはどんなことにも感謝をささげます。
幸いの時にも労苦の時にも、
神からの恵みを数えながら
感謝を喜びに変えて生きるのです。

7/24

わたしは初めであり、終わりである。わたしをおい
て神はない。 （イザヤ書44：6）

主こそ初めであり、終わりであるから、
私たちは主の中で生きることができます。
初めも終わりも主のものであるから、
私たちは恐れずに生きることができます。
主から始まり、主によって終わるのです。
だからこそ私たちは
主にすべてをゆだねることができます。
そして、主の助けの中で、
悔い改めと救いの道を進むことができます。

7/25

あなたたちの先を進むのは主であり　しんがりを守るのもイスラエルの神だから。　（イザヤ書52：12）

主が先頭に立たれる。
この約束のゆえに、
私たちは自分の歩む道に対する不安を
取り除くことができます。
主がしんがりを守ってくださる。
この約束のゆえに、
私たちは自分の歩みがどれほどたどたどしく、
遅く思えても、安心して歩めます。

7/26

神の霊によって導かれる者は皆、神の子なのです。
（ローマ8：14）

神の霊によって導かれるとき、
神の意思を一番に考えるようになります。
神の霊によって導かれる者は、
何が神に喜ばれ、
何が神に喜ばれないかを懸命に考えます。
そして、人の思いではなく、
神に喜ばれる道を選び、感謝して歩みます。
その人は、神の子と呼ばれます。

7/27

愛を追い求めなさい。　（Ⅰコリント 14：1）

愛を追い求めるとは、
愛の源である神を追い求めることです。
神を愛することなしに愛はあり得ないからです。
そして心から神を愛し、
神を慕い、
神の愛の中で生きることを望むとき、
私が神から愛されている喜びを知り、
その喜びの中で、隣人を愛することを学びます。
こうして、愛を追い求める人生は、やがて愛に生き
　る人生となります。

7/28

見よ、国々は革袋からこぼれる一滴のしずく　天秤
の上の塵と見なされる。　（イザヤ書 40：15）

全能の神の前ではどのような国々も取るに足りない
　存在です。
しかし世の権力者はあたかも自分が全能の神である
　かのようにふるまい、
国々もまたその繁栄がいつまでも続くと根拠もなく
　信じています。
神はその空しさを告げられます。
他方、私たちは永遠の神を信じ、永遠の神の国を待
　ち望むことで希望の中に生きる者となるのです。

7/29

主を畏れることは、悪を憎むこと。 （箴言8：13）

主を畏れることは、
主を愛することであり、
主を愛することは、
主の正しさに生きることです。
それゆえに、
主を畏れる者は、
主への愛のゆえに主の正義を愛し、
悪を憎み、
主の愛と平和が実現することを
望む者となるのです。

7/30

蛇は女に言った。「決して死ぬことはない。……」
（創世記3：4）

罪は誘惑します。
決して死ぬことはない、と。
罪はささやきます。
それくらい大丈夫だ、と。
今でも罪は揺さぶります。
みんなしていることだからかまわない、と。
神の言葉を忘れさせる
誘惑の声が身の回りに満ちています。
だから、いつも目を覚まし、
神の愛の癒やしの中で
生きる者でありたいと願うのです。

7/31

落ち着いて、静かにしていなさい。

（イザヤ書 7 : 4）

主に信頼しているなら、
落ち着いて、静かにしていることができます。
主に信頼できず、不安になるからこそ、
落ち着かず、静かにしていられなくなるのです。
だから、私たちの心が騒ぎ、
不安と焦りと恐れがおそってくるときこそ
その焦りと恐れを隠さずに主に申し上げ、
主を信頼し、主が共にいてくださる
喜びと慰めを思い起こしましょう。
主の平安の中で落ち着いて、
心静かに歩む者でありたいのです。

主の慈しみに生きる者はこの国から滅び　人々の中
に正しい者はいなくなった。　（ミカ書7：2）

一つの国が慈しみに満ちるのは、主の慈しみに生き
る者が存在することによります。

それゆえに、主の慈しみを喜び、主の慈しみに感謝
し、主の慈しみに生きる者の存在は、その国の希
望となります。

主の慈しみが破壊され、踏みにじられているような
世にあって、それでも主の慈しみに期待して生き
る者が存在するとき、その国に主の救いの恵みが
明らかになります。

ここに、救われた信仰者の歩む道があります。

自然の命の体が蒔かれて、霊の体が復活するのです。
（Ⅰコリント 15：44）

復活ほど理性において信じがたいものはありませ
ん。

復活について聖書は、自然の命の体と霊の体のつな
がりで語ります。私たちが救われて生きているこ
とが、すでに復活の恵みにあずかっているしるし
だということです。

だから私たちは、復活について証明できなくても、
救われた私が生きている、という事実の中に、復
活の希望を見いだすのです。

8 / 3
あなたの神、主の戒めを守り、主の道を歩み、彼を
畏れなさい。 （申命記8：6）

主の言葉に従って歩むとき、
主の愛を確信することができます。
主の言葉を信頼して聞くとき、
主の慈しみが歩みに満ちていることを
確認することができます。
主の言葉と共に
主の道を歩むならば、
私たちは愛と慈しみに満ちた歩みを、
主の前につくり上げることができます。

8 / 4
神に逆らう者に罪が語りかけるのが　わたしの心の
奥に聞こえる。 （詩編36：2）

罪が語りかけてきます。
そのささやきを、
聞いてはいけないと知っていても、
その言葉に魅惑されてしまうときがあります。
罪は私たちを主から遠ざけ、
平安から遠ざけようと、語りかけます。
だからこそ、私たちは悔い改めの祈りと共に、
主の言葉を熱心に求め、
主の言葉にのみ耳を傾けることを祈るのです。

8／5

わたしが、あなたたちを捕囚として送った町の平安
を求め、その町のために主に祈りなさい。

（エレミヤ書 29：7）

捕囚となった町の平安を祈るのは、
主への信頼がなければできないことです。
捕囚となった町のために祈るのは、
憎しみを捨て、敵を愛する信仰がなければ
できないことです。
罪が引き起こした悲惨の中で、罪を自覚することが
このようなとりなしの祈りにつながります。
敵対心を愛に変える主の力を信じて
私たちは生きる者でありたいのです。

8／6

憐れみは裁きに打ち勝つのです。　（ヤコブ 2：13）

隣人への配慮と愛は、
憐れみから生まれます。
そして憐れみは、
主の憐れみの中で憩いを得ているときに
培われます。
主の憐れみがなければ
私は生きることができません。
その告白に生きるとき、
私自身も憐れみに生きる者となります。
主の愛に基づいた憐れみのみが
裁きに打ち勝ちます。

8 / 7

かつてあなたは捨てられ、憎まれ　通り過ぎる者も
なかったが　今、わたしはあなたをとこしえの誇り
代々の楽しみとする。　（イザヤ書 60：15）

捨てられた者が誇りとされ、
かえりみられなかった者が楽しみとされる。
主は、私たちをそのように変えてくださいます。
罪と汚れに満ちた者が赦され、愛されて生きる希望
　が与えられます。
私たちは主に誇られる者、主に楽しまれている者と
　して生きたいと、願っています。

8 / 8

祭りの時に、エルサレムが聖別された羊で満ち溢れ
るように、廃墟であった町々は人の群れで満たされ
る。　（エゼキエル書 36：38）

廃墟となった所にも
満たされる希望が約束されます。
何もないように思える所、
これから先も、何もないように思える場所にも
神は恵みを満たしてくださいます。
私たちは目の前の廃墟と空虚に落胆し、
希望を見失うことがあります。
しかし、神の約束を信じるとき、
廃墟にさえ恵みが満たされる、と
信じることができるのです。

8／9　主は荒れ野で彼を見いだし　獣のほえる不毛の地で
これを見つけ　これを囲い、いたわり　御自分のひ
とみのように守られた。　（申命記 32：10）

神は、あなたを愛するゆえに、
失われていたあなたを見いだししました。
神は、あなたを愛するゆえに、
見いだしたあなたをいたわり、守り抜かれました。
そうされる理由があったからでも、
ふさわしさがあったからでもなく、
ただ愛のゆえに。
だから、神に見いだされたことは
私たちの最大の喜び、また慰めなのです。

8／10　恐れるな、虫けらのようなヤコブよ　イスラエルの
人々よ、わたしはあなたを助ける。
（イザヤ書 41：14）

神の目には私たち人間は虫けらのような存在です。
それなのに、自分で何でもできるかのように驕り、
神の助けなしに生きられると豪語します。
しかし、神は虫けらのような私たちの傲慢を見て叩
き潰すのではなく、愛し、赦し、救ってください
ます。
それゆえに、神の目に虫けらのようでしかない私が
なお愛されていることこそが、私たちの喜びなの
です。

8／11

わたしは繰り返し教え諭したが、聞こうとせず、戒めを受け入れようとはしなかった。

(エレミヤ書 32：33)

神の呼びかけに聞かない罪があります。
それは、神の言葉よりも
自分の言葉や思いを優先する罪です。
神の声に聞き従わない人生は、
一時の繁栄を得ても滅びに至り、
神の声に聞き従う人生は、
労苦に満ちた歩みでも永遠の祝福に至ります。
神は、私たちを永遠の祝福に招きたいからこそ、繰り返し教え諭してくださいます。
その声に耳を傾けたいのです。

8／12

主よ、あなたは御覧になっています。沈黙なさらないでください。　(詩編 35：22)

主の目はすべてを見ています。
しかし、苦難と恐れの中で、主がすべてを見ておられることへの不安が生じ、私のことが忘れられてしまったように思われることがあります。
私たちはその不安の中で、「私を忘れないでください」と祈ることができます。
そして、そのように祈り続けるとき、主は御覧になり、助けの御手を必ず伸ばしてくださいます。

8/13

耐え忍ぶなら、キリストと共に支配するようになる。
(Ⅱテモテ2：12)

耐え忍ぶことは、
愛がなければできません。
また、耐え忍ぶことは、
赦しがなければできません。
耐え忍ぶことが、
愛と赦しの業であると知ったとき、
愛と赦しの主と共にある喜びを知りました。
キリストと共に、愛と赦しによって支配する
幸いを確信するのです。

8/14

ぶどう酒は人の心を喜ばせ、油は顔を輝かせ　パン
は人の心を支える。　(詩編104：15)

神が実りをもたらし、
私たちの体を養ってくださいます。
それゆえに、日々の糧は、
神の恵みのしるしです。
そしてそのようにして体が支えられていることも
神が私を愛してくださっていることのしるしです。
だから、日ごとの糧を与えてくださいとの祈りは、
養ってくださる神の恵みと愛に対する信頼なのです。
この信頼が生きる希望を私たちにもたらします。

8 / 15

心が挫けるとき　地の果てからあなたを呼びます。

（詩編 61 : 3）

さまざまな仕方で、心が挫けることがあります。
心を挫けさせる出来事に遭遇することもあります。
世の出来事の中で。
また人々とのかかわりの中で。
そのときに、呼び求めるお方を知っている者は、
絶望することがありません。
地の果てから呼んでも、
それを聞き、応えてくださる主がおられる、と
信じる者は希望を失うことはありません。

8 / 16

わたしは取るに足らない若者で、どのようにふるまうべきかを知りません。　（列王記上 3 : 7）

神の前で、どれだけ謙虚になれるかが大切です。
罪は神と張り合おうとするからです。
人の前で、どれだけ謙遜になれるかが大切です。
罪は人を見下し、自分を上にすることを願うからで
　す。
神と人の前にへりくだるのは、神の知恵によらなけ
　ればできません。
それゆえに、神の知恵を求める者こそが、謙遜な者、
　愛と柔和に満ちた者となるのです。

8／17　神に逆らう者に平和はないと　わたしの神は言われ
る。　（イザヤ書 57：21）

神に逆らうとは、神に反抗することだけではなく、
神を重んじないことも含みます。
その意味では、すべての人間が罪の性質のゆえに
神に逆らう者、と言えます。
その罪を認めて悔い改める者に平和があり、その罪
を放置する者には平和がないと宣言されます。
私たちは救われ、赦された者として罪を悔い改めな
がら生きることで、平和に歩む幸いを得るので
す。

8／18　激しく攻められて倒れそうになったわたしを　主は
助けてくださった。　（詩編 118：13）

日々の歩みの中で倒れそうになることがあります。
戦いを避けたいと願いながら、労苦と戦い、悩みと
格闘しながら、倒れそうになるときがあります。
そのようなときに、私たちは祈ることができます。
そして助けを求める私を支え、救い出してくださる
お方がおられることに気づきます。
慰めを得ることができる恵みに気づくのです。

8/19　まことの神、主よ、御手にわたしの霊をゆだねます。　（詩編31：6）

主にすべてをゆだねるとは、
私の心の奥底までもゆだねることです。
私たちは口でゆだねると言いながら
心のどこかでゆだねきっていない弱さがあります。
「わたしの霊をゆだねます。」
詩人の告白にはすべてをゆだねた者の安心が満ちます。
私たちにもこの安心と幸いに生きる信仰が与えられています。
その喜びを思い起こしたいのです。

8/20　どうか、天を裂いて降ってください。
　　　　　　　　　　　　　　　　　　（イザヤ書63：19）

主の憐れみを求め、主の慈しみを求めて祈ります。
この地に目を注ぎ、私に視線を注いでくださいと祈ります。
主がこの地を、そして私を見ていてくださるなら、
私たちはどんな苦難の中でも安心していられます。
天を裂いて降ってください。
そう祈るなら私たちは、
主が御子においてその御業を成し遂げてくださった事実に希望を置いて生きることができます。

8／21 あなたがたの光を人々の前に輝かしなさい。

（マタイ 5：16）

神のために生きる生き方は
隣人を救いの光に招く生き方です。
私たち自身の生き方が
立派ではなくても、
ただ神の栄光を思って生きるとき、
神はその歩みを喜んでくださいます。
だから、神のためを思って生きることが
神にとっても、隣人にとっても、
そして私自身にとっても、
光に溢れた喜びとなるのです。

8／22 では、人の誇りはどこにあるのか。それは取り除かれました。 （ローマ 3：27）

人の誇りは、神の義の前で何の役にも立ちません。
それなのに、私たちは何かを誇ろうとし、
誇るべきものを何とかして得ようともがきます。
しかしそれは役に立たないものを求めるもがきです。
ただ空しさしかもたらしません。
人の誇りが取り除かれ、
神の義によって立つことができるところに
真の喜びがあるのです。

8／23

万軍の主はわたしの耳に言われた。この多くの家、大きな美しい家は　必ず荒れ果てて住む者がなくなる。　（イザヤ書5：9）

一時的に富を誇っても、いつかは失うときがきます。
富に目がくらみ、必要以上に富を積み重ねる欲望の
　罪を人間は捨てきれずにいます。
神を頼りとせず、与えることを拒み、
天に富をたくわえようとしない者は、
結局自らを貧しくします。
ただ神を頼る者のみが、
天の父の財産を受け継ぐと約束されるのです。

8／24

あなたがたは律法の下ではなく、恵みの下にいるのです。　（ローマ6：14）

人が律法の下にいるときとは、
義務感の下にいることと同じです。
それゆえに心に余裕はなく、
何となくの息苦しさを抱えています。
しかし、救われて恵みの下にいるとき、
人は義務感から解放されています。
愛の中に生きることができます。
つまり愛する喜びと、愛される感謝の中で、
閉塞感なしに生きることができるのです。

8/25

その魂を滅亡から呼び戻し　命の光に輝かせてくだ
さる。　（ヨブ記 33 : 30）

神が望まれるのは、
私たちの滅亡ではなく救いです。
だからこそ、
滅亡から呼び戻すために言葉を語り、
言葉を聞いた者は悔い改めて立ち帰り、
救いの道を歩み出します。
私たちを造り、私たちを愛し、
私たちを救ってくださる神。
その神は私たちが救われて、
命の光に輝いて歩むことを望んでおられます。

8/26

耳を傾けて、主の口の言葉を受け入れよ。
（エレミヤ書 9 : 19）

主の口の言葉を受け入れない罪が
人間の本質です。
主の言葉を受け入れず、
自分の言葉に酔いしれ、罪を犯し続け、
滅びを自ら招きます。
その罪を主は喜ばず、
その罪から救い出すために言葉を語られます。
主の救いの言葉を聞き、受け入れ、
感謝して生きることが私たちの幸いなのです。

8／27　神に逆らう者の安泰を見て　わたしは驕る者をうらやんだ。　（詩編73：3）

神に逆らう者が安泰で、
神に従う者が労苦する。
世に良く見られる光景の中で、
私たちの心は揺れ動きます。
神に従う喜びを見失いそうになります。
しかし救いの中で、
永遠という視点の中で物事を見るとき、驕る者をう
　らやむことが空しいことだとわかります。
主にすべてを期待できることが
慰めであることをあらためて知るのです。

8／28　呼び求めるわたしに近づき　恐れるなと言ってください。　（哀歌3：57）

主から聞くことのできる言葉で、
慰めと希望に満ちた言葉は、「恐れるな」です。
恐れるから不安になり、恐れるから迷い、
恐れるから傲慢になり、
恐れるから愛さなくなります。
だから私たちは常に主の
「恐れるな」との言葉を聞きたいのです。
そして、恐れるなと語ってくださいと、
祈りたいのです。

8/29

神は聖なる宮にいます。みなしごの父となり　やもめの訴えを取り上げてくださる。　（詩編68：6）

どんな小さな祈りの言葉も、
消え入りそうな訴えも聞き逃さない神です。
理不尽と不条理の中で、
神に向かって不平を述べたとしても、
それを聞いてくださる神です。
神は、私たちの一言一言に耳を傾け、
心を注いでくださいます。
だからどんな小さな言葉であっても、
神に訴え、祈ることは、
私たちに慰めをもたらすのです。

8/30

水くみ場で水を分ける者らの声にのせて　主の救いを語り告げよ。　（士師記5：11）

主の救いを語ることは、
特別なことではありません。
日々の生活の出来事の中で、
自然なものとして語ることができます。
なぜなら、主の救いにあずかり、
主の救いに生きている喜びが
日々の生活に溢れているからです。
私も救い出された恵みに生き、
この救いの恵みを語り出す者でありたいのです。

8/31

わたしは心を清く保ち　手を洗って潔白を示したが、
むなしかった。　（詩編 73：13）

清くあろうと欲しても、
罪の世が安泰である現実の前で
挫けそうになるときがあります。
その不安と弱さの中で、
正義と愛に生きることにむなしさを感じつつ、
しかしここに立つことが希望だと思い直します。
どんなにむなしく感じようとも、
罪を赦され、救われた者として生きる、
そこにしか本当の喜びはないことを知っているから
　です。

9 / 1

たとえ天の果てに追いやられたとしても、あなたの
神、主はあなたを集め、そこから連れ戻される。

（申命記 30：4）

天の果てさえも、
神の救いからはずれることはありません。
人の目から見れば、
救いが届かないように思える所にも、
神の救いの御手は伸ばされます。
私たちには、あらゆる苦難と困難の場所から、
神の御前に連れ戻される平安が約束されています。
だから私たちは安心して神にすべてをゆだね、
必ず見いだされる希望の中で生きるのです。

9 / 2

わたしは、主が告げられることを告げるだけです

（民数記 24：13）

神の言葉を、人が変更することはできません。
そうであるならば、
神があなたを愛する、と語ったとき、
それを私の側で変更することはできず、
神があなたの罪を赦す、と宣言したとき、
それを私の側で変更することはできません。
人の都合によっては変更できないからこそ、
神の言葉に聞き従って生きることが、
私たちの安心となるのです。

9／3

お前は愛されている者なのだ。　（ダニエル書9：23）

お前は愛されている者なのだ。
主に従うダニエルに向かって語られたこの言葉は、
主に救われた私たちへの言葉でもあります。
お前は愛されている者なのだ。
日々の労苦と負い目の中で、
それでも聞こえてくる言葉が、この言葉です。
この声に支えられて今日も生きるのです。

9／4

主よ、あなたは必ずわたしを助け　力づけてくださ
います。　（詩編86：17）

主は必ず助けてくださる。
このように言える信頼の言葉を
私たちはいただいています。
本当に助けられるのだろうか、
見捨てられてしまったのではないだろうか、と
思えるような状況の中でも、
主は必ず私を助けてくださる、と
信じて祈るとき、
やがて私たちは、主の力強い支えの御腕を
確信することができるようになります。

9 / 5

お前たちの愛は朝の霧　すぐに消えうせる露のようだ。　（ホセア書6：4）

人間の愛は、はかないもので、
どれだけ熱心であっても必ず冷め、
冷めないと自負していても、消えていきます。
目に見える人に対してそうであるなら、
目に見えない神に対してはなおさらです。
そのように、消えゆく人間の愛の現実の中で、
決して消えることのない愛を示し、
語り続けてくださる神のみが、
私たちの希望なのです。

9 / 6

日が暮れるまで怒ったままでいてはいけません。
（エフェソ4：26）

怒ったままでいるとは、
赦さないでいることと同じです。
人間の感情として怒ることは避けられません。
しかし、赦すことが赦された者の生き方です。
だから、怒ったままで赦さずにいる者を
主は悲しまれます。
私たちは、赦されざる罪を赦された喜びに立って、
怒ったまま、憎んだままで日を
終えることはしません。
赦しと感謝をもって日を終えるのです。

9／7　今日も、わたしは苦しみ嘆き　呻きのために、わたしの手は重い。　（ヨブ記23：2）

祈りは本来、祈る相手である神を見つめてするものです。

しかし時として、祈る相手である神を捜すところから始めなければならないこともあります。

罪や苦しみの中で神を見失い、あなたはどこにおられるのですか、と。

けれどもそれは、必ず見つかる、必ず聞かれる、との信頼に基づく祈りの一つのあり方なのです。

9／8　あなたがたは、うわべのことだけ見ています。
（Ⅱコリント10：7）

誰かのうわべだけを見るのは、自分がうわべだけを整えようとすることと同じです。

私たちはうわべを整えることに必死になり、それゆえに他者に対しても自分に対してもうわべしか見ない偏狭さに陥ります。

それが迷いや嘆き、また自己卑下をもたらし、神の愛を忘れさせるものとなります。

けれども救われた私たちは、うわべではなく本質を見て愛してくださる神の御手の中で、慰めと憩いを得て生きるのです。

$9\Big/9$ 　主は救いの衣をわたしに着せ　恵みの晴れ着をまと
　　　わせてくださる。　（イザヤ書 61：10）

　私がどんなに罪深くても、救いの衣が着せられると
　　き、救われた者、と約束されます。
　私がどんなに惨めな存在でも、恵みの晴れ着をまと
　　わせられるとき、救いに生きている者、と呼ばれ
　　ます。
　そのとき私は、主は私を愛し、私が求めるよりも先
　　に、私に救いの衣を着せ恵みの晴れ着をまとわせ
　　たいと願っていた憐れみ深い父であることを知る
　　のです。

$9\Big/10$ 　何をもって、わたしは主の御前に出で　いと高き神
　　　にぬかずくべきか。　（ミカ書 6：6）

　主の御前に出るために
　私たちが持って行けるものなどありません。
　どんなものも、主の愛と救いをたたえるためには
　十分であるとは言えません。
　悔い改めと感謝、そしてへりくだりだけが
　主の御前に持って出ることのできるものです。
　そしてそのような礼拝においてだけ、
　喜びは満ち溢れるのです。

9/11　いかに幸いなことでしょう　弱いものに思いやりの
ある人は。　（詩編41：2）

弱い者を思いやれるのは、愛に生きているからで
す。
そして愛に生きることが普通になっているときには
思いやることは苦痛ではありません。
しかし愛に生きることが義務感や強制になっている
ときには、思いやることは、最初はできてもいつ
かは苦痛になります。
義務感や強制によってではなく、主のくださる愛を
まず求めましょう。
そうすればおのずと思いやりが溢れます。

9/12　目覚めた人々は大空の光のように輝き　多くの者の
救いとなった人々は　とこしえに星と輝く。
（ダニエル書12：3）

主の救いに生きる者は、
主のゆえに光のように輝く存在となります。
罪と汚れに満ちていた者が、
主の救いを輝かす存在として用いられます。
その能力も、資格もなかった者が、
救われた、との一点において、主に用いられます。
だから、救われて生きることが、
一番の喜びだと、人に伝えることができるのです。

9／13

勝利を得る者を、わたしの神の神殿の柱にしよう。

(黙示録3：12)

救われた者が、
神の神殿の柱とされる。
倒れることなく、
外に投げ出されることなく、
神殿にとってなくてはならない存在とされる。
この言葉によって、救われた私たちは、
神のものとされた喜びを確認します。
なぜなら、あなたはわたしにとって大事な存在、
なくてはならない存在だという神の恵みの言葉を聞
　くからです。

9／14

あなたは、他人を裁きながら、実は自分自身を罪に
定めている。　(ローマ2：1)

他人を裁くことは、
自分を罪に定めること。
この関係が見えていないために、
私たちは他人を裁くことで安心し、
しかし、他人を裁くことで
自分を罪に定めています。
だからこそ、
私は赦された者、という告白が
そのような自分を解放するのです。

$9/15$

あなたの仰せはわたしに命を得させるでしょう。苦しみの中でもそれに力づけられます。

（詩編 119：50）

神の言葉は命を得させる言葉、
すなわち生きる希望を与える言葉です。
神の言葉を聞き続ける者は
苦しみの中でも力づけられます。
どのようなときにも神が共にいまし、
どのようなときにも愛され続けていることを
神の言葉から確認できるからです。
そしてますます神の言葉に聞くようになり、
それに従って生きるようになるのです。

$9/16$

わたしたちの主、救い主イエス・キリストの恵みと知識において、成長しなさい。 （Ⅱペトロ3：18）

信仰を成長させるように求められています。
それは私たちの力によるのではなく、
キリストの恵みと知識によるのです。
キリストの言葉に聞き従い、
キリストを愛し、キリストに仕えることが、
信仰の成長をもたらすということです。
誠実に信仰生活を送り続けたいなら、
これこそが信仰の成長のために
必要なことなのです。

9/17　まことに、主は正義の神。なんと幸いなことか、すべて主を待ち望む人は。　（イザヤ書30：18）

主の正義は、主を信じ信頼する者に
恵みを約束するものです。
主の正しさは、主を信じる者を
守り支える慈しみだからです。
それゆえに、主を待ち望み、
主の正義を信頼する者は、
主は必ず私を憐れみ助けてくださると信じて
待つ希望に生きることができるのです。

9/18　わたしは、あなたたちのために立てた計画をよく心に留めている、と主は言われる。

（エレミヤ書29：11）

主の計画が私を導くとはいえ、
自らの歩みをふり返るなら、
主の恵みを疑ったことがありました。
主が私のことを軽んじているように
感じられたこともありました。
しかし、主の計画と導きを信じ期待し続けるなら、
そのような歩みの中においてさえ、
救われた喜びを満たして生きる道が見えてくる、と
主は約束してくださるのです。

9/19

あなたの慈しみはわたしを超えて大きく　深い陰府
から　わたしの魂を救い出してくださいます。

(詩編 86：13)

深い陰府の底も、
救いから除外されていない。
この恵みの事実に立つゆえに、
私たちは神の愛に期待し、
神の恵みを喜ぶことができます。
深い陰府の中で、光が失われた中で、
しかし、私をとらえてくださるお方がいる、
私を引き上げてくださるお方がいるということが
慰めとなるのです。

9/20

この民の心は鈍り、耳は遠くなり、目は閉じてし
まった。　(マタイ 13：15)

神の言葉を受け入れない悲惨、
神の言葉を聞けない悲惨があります。
それでも私たちは
神の言葉なしに生きられると思い、
好き勝手にふるまいます。
けれども、神の言葉なしに生きるとき、
人は心の闇を深くすることしかできません。
その悲惨に気づいたなら、
悔い改めて神の言葉に心をすませ、
耳と目を開くのです。

9 / 21

恐れることはない。愛されている者よ。

（ダニエル書 10：19）

主は私たちを力づけるために
恐れることはない、と語りかけてくださいます。
さまざまな恐れにとりつかれていた私たちは
この宣言によって安らぐことができます。
さらに恐れなくてもよい根拠として
愛されている者よ、との呼びかけが続きます。
どんなときにも愛されているからこそ、
その愛の確かさを知るからこそ、
私たちは恐れないで生きることができるのです。

9 / 22

生涯、憐れんで貸し与えた人には　祝福がその子孫
に及ぶ。　（詩編 37：26）

貸し与えるとは、
返すことを求めない愛です。
だから憐れみ続け、愛し続け、
貸し与えた人は神から祝福されます。
そして神が惜しみなく
私たちに恵みをくださるように、
貸し与える愛は、
貸し与えた人にだけではなく、
子孫にまで祝福をもたらします。

9/23

命の水が欲しい者は、価なしに飲むがよい。

（黙示録22：17）

価なしに飲むがよい、と約束されています。
対価によって得られる、との
法則の中に生きる私たちにとって、
価なしに恵みが与えられる約束は、
かえって不自然に聞こえてしまいます。
しかし、神の法則は、
この世の常識とは正反対なのです。
だから、私たちは安心してこの恵みをいただき、
この恵みに生きるのです。

9/24

わたしに立ち帰れ、わたしはあなたを贖った。

（イザヤ書44：22）

主は呼びかけます。わたしに立ち帰れ、と。
主は私たちが帰って来ることを
心から待ち望まれます。
しかもすでに贖ったと告げて。
立ち帰って来たから贖うのではなく、
贖ったから立ち帰れ、と告げてくださいます。
私たちは贖われ、赦された者として、
安心して主のもとに帰ることができます。
そして礼拝ごとにその喜びにあずかります。

9/25

わたしの命をあらゆる苦しみから救ってくださった
主は生きておられる。 （列王記上 1：29）

主はあらゆる苦しみから救ってくださいます。
苦しみの中でまるで、救われていないかのように思
　えるときがあります。
苦しみの中でまるで、救いなどないのではないかと
　思えるときがあります。
それでも主に従って歩むなら、
生涯の歩みの中でか、また生涯の終わりのときに
　か、
主は私をあらゆる苦しみから救ってくださったと、
感謝の言葉を口にすることができます。

9/26

裁きのために、わたしはあなたたちに近づき　直ち
に告発する。 （マラキ書 3：5）

神は罪を見逃しません。
そして、罪を放置しません。
罪を放置するならば、
人が救われることはなくなるからです。
罪に対する神の裁きの厳しさは、
救いに対する決意の強さでもあります。
だからこそ、罪の告発の前で罪を認める者のみが、
罪を赦された喜びを知ることができるのです。

9/27

あなたは御自分の息を送って彼らを創造し　地の面
を新たにされる。　（詩編104：30）

主の息が吹き入れられるとき、
すべてのものが新たにされ、
そこに希望が満ちます。
主の息が吹き入れられるとき、
朽ちるものが朽ちないものとされ、
苦しみは喜びに変えられます。
だから、主の息である聖霊に
満たされることを私たちは願い、
主の息吹の中で生きることを願うのです。

9/28

いつも新しい練り粉のままでいられるように、古い
パン種をきれいに取り除きなさい。

（Ⅰコリント5：7）

救われた者の歩みには、古いパン種、
すなわち、救われる以前の法則は不必要です。
救いによって新しくされた者として、
新しい契約の中に生きているからです。
それでも救われる以前の法則が
ひそかに入り込んで来ることがあります。
だからこそ、それを取り除くことを
祈りつつ心がけながら生きる必要があります。

9/*29*

わたしがあなたと共にいて助け　あなたを救い出す、
と主は言われる。　（エレミヤ書 15：20）

主は助けです。
この約束に立つなら、
私たちは救い出されます。
そして助ける主は
共にいてくださると言われます。
困難の中で孤独を感じようとも
私たちには主が共におられます。
共にいる、救い出す、との約束によって
主は私たちを平安へと導いてくださる方です。

9/*30*

忍耐は力の強さにまさる。自制の力は町を占領する
にまさる。　（箴言 16：32）

忍耐は、
神への信頼と謙遜によってもたらされます。
それゆえ、忍耐できないのは、
神への信頼が欠如し、
謙遜さを失っているからです。
悔い改めて謙遜となり、
信頼の恵みをいただくとき、
忍耐の力は町を占領するほどの力、
勝利の喜びの力となるのです。

10／1

主の手が短いというのか。わたしの言葉どおりになるかならないか、今、あなたに見せよう。

（民数記 11：23）

主が助けの御手を伸ばされるとき、
それは私たちにとって十分であり、
むしろ十分すぎ、
溢れるほどとなります。
それなのに私たちは
主が恵みをくださらないと疑います。
その罪を悔い改め、主に期待するとき、
私たちはすでに多くの恵みを
与えられていることに気づくのです。

10／2

主よ、御業はいかにおびただしいことか。

（詩編 104：24）

主の御業を思い起こせば、
それがおびただしいもの、
数えきれないものであることがわかります。
しかし私たちは主の恵みを数えず、
むしろ不満と不平ばかりを数えます。
にもかかわらず、主は恵みをくださいます。
その恵みを数えながら歩むなら、
多くの感謝と喜びを発見します。

$10\diagup 3$

わたしのことは　巻物に記されております。

(詩編 40：8)

私のすべてのことが巻物に記されています。
主はそのすべてを御存知の上で、
私を愛し、赦してくださいました。
反対に、人の罪を数え上げ、忘れようとしない私が
　　いることを思うとき、
私の罪のすべてを知りながら、なおも赦してくださ
　　る主の愛の深さを確信します。
だからこそ、
すべて記され、すべて覚えられていることは、
私の喜び、また慰めなのです。

$10\diagup 4$

彼がこう言ったのは、貧しい人々のことを心にかけ
ていたからではない。　（ヨハネ 12：6）

10

親切な言葉が、
親切な心から出ているとはかぎりません。
自分の利益を考えていても、
親切な言葉は出てきます。
反対に、親切には聞こえない言葉が
心からの親切から出ている場合もあります。
隣人を愛することの困難さを知り、
そのために何ができるのかを悩むところから
本当の親切さが生まれます。

10/5

神を思い続けて呻き　わたしの霊は悩んでなえ果て
ます。　（詩編 77：4）

「悩んでなえ果て」るほどに
神を求めていただろうか、と思わされます。
そこまで求める前に簡単に諦め、
神に向かって手と心を伸ばすことを
やめてしまっていたのではないだろうか、と。
希望を見いだせず、不安ばかりを
つのらせていたのではないだろうか、と。
神を思い続けて呻き、
なえ果てるほどに祈り続けるところに、
希望と喜びがあるのです。

10/6

草は枯れ、花はしぼむが　わたしたちの神の言葉は
とこしえに立つ。　（イザヤ書 40：8）

神の言葉は永遠です。
それゆえに、神の言葉に頼る者は、
永遠の愛と力に支えられている喜びに満ちます。
それなのに、枯れる言葉、過ぎ去る言葉に
惑わされる罪を私たちは持っています。
しかしその罪を赦してくださるお方の前で悔い改め、
　赦しの言葉に立つことで、
永遠の愛と力に支えられている喜びに溢れることが
　できます。

10/7

それは、わたしたちが、目覚めていても眠っていて
も、主と共に生きるようになるためです。

（Ⅰテサロニケ5：10）

主と共に生きることが、
目覚めていても眠っていても、と言われます。
確かに、主が共にいてくださるのは、
私たちが目覚めているときだけではなく、
眠っているときにもそうなのです。
だからこそ私たちはこのお方にすべてをゆだね、
安心して眠り、
安心して目覚めることができます。

10/8

あなたがたは、神と富とに仕えることはできない。

（マタイ6：24）

神と富とに仕えることはできない。
「富」はどんな言葉にも替えることができます。
「権力」「学歴」「仕事」「経験」「欲望」「不安」。
そしてあえて言えば「家族」にさえ替えることもで
　きます。
重要なことは、神に仕える、ということを
常に最優先できるかどうか、です。
神にまっ先に仕える者こそが、
あらゆるものを恵みとしていただく喜び、
そして感謝に満ちることを知るのです。

10

10/9
上質の香料を取りなさい。 （出エジプト記 30：23）

神へのささげ物は上質のものを、と言われます。
上質のものをささげるために必要なのは、
神が与えてくださったという感謝、
神が与えてくださるという信頼、
そして、神にお返ししたいというへりくだりです。
それゆえに、何をどのようにささげているかで、
あなたの、神への信頼と感謝とへりくだりがわかり
　ます。
神は、御子の命をさえ私たちのために惜しみません
　でした。
そのお方に最善のささげものをしたいのです。

10/10
慈しみとまことがあなたを離れないようにせよ。

（箴言 3：3）

「慈しみ」が離れないようにするためには、
私を慈しんでくださるお方から離れないことです。
「まこと」が離れないようにするためには、
私に対して誠実なお方を忘れないことです。
反対に、私たちはこのお方を離れ、忘れることで、
慈しみとまことを見失い、迷います。
それゆえに、悔い改めて再び主の元に戻ることだけ
　が、「慈しみ」と「まこと」を取り戻す唯一の道
　です。

10/11
あなたの神を畏れ、同胞があなたと共に生きられる
ようにしなさい。　（レビ記 25：36）

神を畏れる者が、人を愛する者になります。
同胞が生きられるようにするために
まず神を畏れるように求められていることから
それがわかります。
隣人への愛は、神を畏れる信仰がその根です。
根がなければ、どんな愛も枯れます。
だから、同胞や隣人と共に生きるためには、
まず神を畏れ、神を愛する信仰が必要なのです。

10/12
人は女から生まれ、人生は短く　苦しみは絶えない。
　（ヨブ記 14：1）

人間のはかなさを知る者が、
神を見いだします。
人生の空しさに打ちひしがれる者が、
神の恵みを見いだします。
ヨブの呻きは、神を棄てるための呻きではなく、む
　しろ、見いだすための呻きでした。
私ははかない者。
その事実を受け入れたとき、私を造り、生かし、支
　えてくださる神の恵みに気づかされました。

$10/13$

人々は麦とぶどうを豊かに取り入れて喜びます。そ
れにもまさる喜びを　わたしの心にお与えくださ
い。　（詩編4：8）

物質的に得ることも喜びの一つです。
しかしそれが喜びのすべてではありません。
ましてや、それさえ満たされれば十分なのでもあり
　ません。
詩人は、麦とぶどうの収穫以上の喜び、すなわち、
　物質的に得ること以上の喜びを知っています。
それは、神との平安の中に生きること。
麦やぶどうのように、なくなるものに依存する喜び
　ではなく、永遠に失われない関係に依存する喜び
　こそが、私たちを真の喜びに導くのです。

$10/14$

あなたたちはわたしのものとなり、聖なる者となり
なさい。　（レビ記20：26）

努力をして聖なる者になるのではありません。
「あなたたちはわたしのものとなり」と
告げられているように、
主のものとされるところに、
聖なる者であることの根拠があります。
すなわち自分に根拠があるのではなく、
主の一方的な選びの恵みに根拠があるのです。
だからこそ、どんなに乏しい者でも、
主のものとされているかぎり、
聖なる者とみなされのです。

10

$10\!\!\not/\!\!_{15}$ 　若者にすぎないと言ってはならない。

（エレミヤ書 1：7）

私たちはさまざまな理由をつけて
神の招きを拒みます。
しかし、すべてのことを御存知の上で
神は招いてくださっているのです。
だから招かれた私たちの側に
拒む理由は一切ありません。
自分勝手な理由で招きを拒むことが
どれほど神を悲しませ、
傷つけているのかを知るとき、
悔い改めて招きに応えることが
最も良い道だとわかるのです。

$10\!\!\not/\!\!_{16}$ 　主はあなたの呼ぶ声に答えて　必ず恵みを与えられ
　　る。 （イザヤ書 30：19）

必ず恵みを与えられる。
この約束の言葉を、苦難の中で信じきることが
どれほど難しいかを知っています。
さまざまな労苦や絶望がおそい続ける中で
この確信に立つことの難しさを実感します。
それでも、主は必ず恵みを与えてくださる、
この確信と祈りを続けるならば、
やがて必ず苦難と絶望を乗り越える希望を
見いだすことができます。

10／17

主は真理の神、命の神、永遠を支配する王。

（エレミヤ書 10：10）

主は真理の神。

それゆえにこそ、私たちはこのお方の言葉に慰めを
　得ます。

主は命の神。

それゆえにこそ、私たちはこのお方に救い出されて、
　喜びを得ます。

主は永遠を支配する王。

それゆえにこそ、私たちはこのお方に従うことに希
　望を見いだします。

このお方が私たちの主であることが、どれほど大き
　な恵みであるかを私たちは知っているのです。

10／18

無分別な者とならず、主の御心が何であるかを悟り
なさい。　（エフェソ5：17）

無分別な者とは、

自分の欲望や思いに支配されている者のことです。

だから無分別な者は、

自分しか愛することをせず、

隣人を傷つけても心を痛めることがありません。

反対に、主の御心を悟ろうとする者は、

主に喜ばれる生き方を祈り求める者です。

主の御心を求めて祈る者は主に喜ばれることを願う
　ゆえに、隣人を愛することを願って生きるように
　なるのです。

10／19

わたしは背く彼らをいやし　喜んで彼らを愛する。

（ホセア書 14：5）

背く者を見捨てるのではなく、
癒やしてくださるのが私たちの主です。
離れ去る者を見捨てるのではなく
愛してくださるのが私たちの主です。
その癒やしと愛があるからこそ、
背く私たちは立ち帰り、
離れ去る道を歩んでいたことを悔い改め、
主に向かい、主に従って歩むことを
喜ぶようになるのです。

10／20

深い穴の底から　主よ、わたしは御名を呼びます。

（哀歌 3：55）

深い穴の底で、
絶望して主の御名を呼ぶことを忘れます。
深い穴の底で、
主の御名を呼んでも無駄だと諦めます。
しかし深い穴の底で、
どんなこともできず、
何をしてもどうにもならないことを思い知らされた
　　とき、主の御名を呼ぶことだけが希望となります。

10

10/21

世の友になりたいと願う人はだれでも、神の敵になるのです。　（ヤコブ4：4）

世の友になるとは世の法則を神の法則よりも大事にすることです。

世の法則を神の法則より大事にするとき、それは神の敵になる、と厳しく言われます。

どれほど口で「神を愛している」と言っても、生き方が世の友、世の法則であるなら、それは神の敵なのだ、と。

しかし神の敵にしかなりえないその私が赦されたと知らされています。だから悔い改めて、神の法則に生きることを願うようになるのです。

10/22

わたしたちは粘土、あなたは陶工　わたしたちは皆、あなたの御手の業。　（イザヤ書64：7）

私たちは神によって造られました。

それは、造ったお方は造ったものを愛し、

大事にしてくださる、ということです。

神の目には粘土、土の塵である私が、

しかし造られたものとして大事にされるのです。

この約束があるからこそ、

私たちは、どんなに自分がみじめに思えても

大事にされている私であることを信じるのです。

だから希望をもって生きることができるのです。

$10/23$ 　自分の子供たちが真理に歩んでいると聞くほど、う
れしいことはありません。　（Ⅲヨハネ4）

親にとっての喜びは、子が共に信仰の道を歩むこと
　です。それは血肉による家族のことだけではあり
　ません。教会という家族の中でも、共に信仰の道
　を歩み、信仰の交わりの中で歩むことがすべてに
　まさる喜びとなります。
だから神を信じ、神に従う者となるようにと心から
　祈り、希望をもって子に福音を伝えます。
共に礼拝し、共に祈り、共に主に仕える。
それがどんなことよりも恵みと感謝に満ちていると
知っているからです。

$10/24$ 　光の子として歩みなさい。　（エフェソ5:8）

光の子として歩む、とは、
すべてを神の前に明らかにして歩むことです。
清廉潔白な歩みが求められているというよりも、
自らの罪や弱さを、神の光の前にさらけ出せる生き
　方です。
それゆえに、光の子として歩もうとする者は、
まず罪を悔い改めて謙遜になり、
その謙遜さによって愛に生きるのです。
この悔い改めと愛に生きることが
光の子としての歩みそのものだと言えるのです。

10/25

主よ、わたしを調べ、試み　はらわたと心を火を
もって試してください。　（詩編 26：2）

主に向かって、私を調べ、試してくださいと訴える
　ことの恐ろしさを、私たちは知っています。
主に調べられたら、自分の罪の深さにひとたまりも
　ない私であることを知っています。
しかし、詩人はそれを願いました。
それは、すべてを知り、すべてを試みてくださるお
　方が同時に、私を救い、私を助けてくださるお方
　であることを信じていたからです。
この詩人の信仰に立つとき、私たちもまた、すべて
　を知られ、試みられることが、真実の希望をもた
　らすと信じることができるのです。

10/26

神はわたしに慈しみ深く、先立って進まれます。

（詩編 59：11）

神は先立って進まれます。
この約束があるからこそ、
主に従う歩みは、安心だと告白できます。
しかも先立って進まれるお方が
勝利をもたらしてくださるゆえに
喜びと希望をもって従うことができます。
主に従う信仰の歩みは、
深い慈しみと平安に満ちているのです。

$10/27$
ここに来て、あなたたちの神、主の言葉を聞け

（ヨシュア記 3：9）

主の言葉を聞くとき、主が私たちに対して恵み深い
　お方であることを知ります。
主の言葉を聞くとき、主が私たちに恵みの御業をな
　してくださることを知ります。
だから私たちは主の言葉を求め、主の言葉を慕い、
　主の言葉に慰められて生きることを望みます。
信仰をもって歩む者は主の言葉と共に歩む者です。

$10/28$
あなたがた自身も生きた石として用いられ、霊的な
家に造り上げられるようにしなさい。

（Ⅰペトロ 2：5）

10

私たちの体は、キリストの体である教会を造り上げ
　るために用いられる大切な体だと示されていま
　す。
建物に不必要なものがないように、霊的な家、教会
　にもまた不必要なものはありません。
そしてあなたは霊的な家を造り上げるために必要な
　ものとして用いられるのです。
この呼びかけに応え、主の体である教会を造り上げ
　る幸いの中を歩む者でありたいのです。

10/29

しかし、神はわたしの歩む道を　知っておられるはずだ。　（ヨブ記 23：10）

神にすべてを知られていることを
喜びと考えるか、恐れと考えるか。
信仰者は、それを喜びと受け止めます。
なぜなら、すべてを知った上で私を愛し
私を救ってくださったという事実があるからです。
救われるに価しない者が救われた事実のゆえに、
私の歩む道が知られていることが
恐れではなく、喜びになるのです。

10/30

わたしにとって有利であったこれらのことを、キリストのゆえに損失と見なすようになったのです。
（フィリピ 3：7）

世の基準で有利であるものは、
信仰に不可欠のものではありません。
どれほど世の基準において有利なものであっても
救いには何の役にも立ちません。
むしろ、世の基準において有利なものを得たとき、
人は謙虚さを失い、傲慢の罪に陥ります。
それゆえに損失、と言われます。
だから、救われた喜びを知る者は、
世の基準における有利なものよりも、
キリストの愛のうちにとどまることを
どんなことよりも強く求めるのです。

10

$10/31$

あなたたちが畏るべき方は主。御前におののくべき
方は主。 （イザヤ書8：13）

主を畏れるとき、
私たちはそれ以外に恐れるものがないことを知りま
　す。
主の前におののくとき、
私たちは、主の前以外ではおののく必要がないこと
　を知ります。
それゆえに、主を畏れ、主の前におののくとき、
暗闇を光に変えるお方の前で、
希望をもって生きることができるようになります。
どのような闇も私を閉ざすことがないという希望の
　中で生きることができるようになります。

10

11 / 1

神は、悩みの地で、わたしに子孫を増やしてくださった。　（創世記41：52）

人は普通、悩みの地に恵みがあるとは思っていません。絶望の場所に恵みがもたらされるとも考えていません。

しかし、神の恵みは、悩みの地にも、絶望の場所にももたらされます。

このように、神の恵みが届かない場所はないのだということに気づかされ、それを信じるときに、私たちはすべての場所を恵みの場所に変えてくださる神に期待し、忍耐と感謝をもって待つことができるようになります。

11 / 2

和解をわたしとするがよい。　（イザヤ書27：5）

神と和解することが
人が最初になすべきことです。
それなのに神と和解せず、
神と敵対した状態で生きようとするので、
人生は労苦と不安に満ちます。
しかし神を信じて和解するとき、
神の愛と救いから除外されることは
ないと知ります。
だから神と和解した者の歩みは、
希望を失うことがないのです。

11/3 わたしはお前たちのために、お前たちのもとへと向かう。　（エゼキエル書36：9）

主は私たちのために動いてくださいます。
私たちが主のために動かず、
主を悲しませてばかりいるのに、
主は私たちを救うためならば、
憐れみをもって動いてくださいます。
お前たちのもとへと向かう、と。
私たちが行動を起こす前に、
すでに主は行動を起こされているのです。
その主を信頼して待つ喜びがあるのです。

11/4 わたしの霊はお前たちの中にとどまっている。恐れてはならない。　（ハガイ書2：5）

私たちが恐れるのは、私自身が不安定だからであり、
　簡単に動揺し、迷うことを知っているからです。
しかし主は告げられます。「わたしの霊はお前たち
　の中にとどまっている」と。
主の霊が私の中にとどまっているなら、たとえ動揺
　しても、主が揺り動かされないお方として私をと
　らえていてくださると信じることができます。
だから動揺しても恐れることなく、平安のうちに歩
　むことができるようになるのです。

$\dfrac{11}{5}$　いかに幸いなことか、裁きを守り　どのような時にも恵みの業を果たす人は。　(詩編106：3)

自分の望みがかなうことを
世は幸いだと言います。
しかし、世が示す幸いは、
かなわなかったときには失意しかもたらしません。
そのとき、偽りの幸いであったことに気づきます。
一方、主を知る者は主の教えに忠実であることが
幸いであることを知っています。
どんな結果であれ、神の恵みの御業の中に生きるこ
　とに失意はないからです。

$\dfrac{11}{6}$　神は人の歩む道に目を注ぎ　その一歩一歩を見ておられる。　(ヨブ記34：21)

私たちの歩みはすべて主に知られています。
その一歩一歩を主は見ておられます。
喜びの一歩も、苦しみの一歩も、
そして罪を犯す一歩さえも。
私たちは主の視線を恐れるのではなく、
むしろこの罪深い私の一歩を知ってくださるお方が
私の救い主である、との慰めを
主のまなざしの中に見るのです。
すべてを知りながら愛してくださるまなざしの中に。

11/7

主よ、あなたはわたしのともし火　主はわたしの闇を照らしてくださる。　（サムエル記下 22：29）

主の光の中で歩む人は、
すべてのものを見渡すことができます。
自分の弱さも愚かさも
主の光の中ではすべてあばき出されるからです。
しかし、そのように私の罪を照らし出すお方が、
私を赦し、愛してくださっているのです。
私の闇は主の光で照らされ、
その光の中で生きることが
かえって希望になるのです。

11/8

主よ、わたしはなお、あなたに信頼し　「あなたこそわたしの神」と申します。　（詩編 31：15）

どんなときにも主に信頼する。
信仰者にとってあたりまえの告白でありながら、
実際には難しい告白でもあります。
喜びの日に主を忘れ、
苦しみの日にも主を忘れるのが、私たちだからです。
だからこそ、「なお」とあるように、
主に信頼すべきことを思い起こし、
「あなたこそわたしの神」、あなたに信頼しますと
心を定めて告白するのです。

11

11 / 9

だれが、キリストの愛からわたしたちを引き離すことができましょう。　（ローマ8：35）

キリストが、どれほどの愛をもって私たちを愛し
赦してくださったかを知るなら、
キリストの愛から離れようとは
決して思わなくなります。
罪や誘惑が私たちをキリストの愛から引き離し、
孤独にさせようとしますが、
キリストの愛を知れば知るほど、
この愛から離れられなくなります。
そして、キリストの愛の中で、
キリストの愛に守られて生きることが
喜びとなります。

11 / 10

たとえ闇の中に座っていても　主こそわが光。

（ミカ書7：8）

日々の歩みの中で、闇の中に座っているような思い
　になることがあります。
どちらを向いても道が見えず
焦りにとらわれる場合もあります。
しかし主を信じる者は、
そこで希望をもって思い出すことができます。
主こそわが光、と。
闇の中にも光があるのです。
この事実があるからこそ、闇の中でも恐れることな
　く歩み続けることができるのです。

11/11 あなたの定めはわたしの楽しみです。わたしに良い
考えを与えてくれます。 （詩編 119：24）

定め、という言葉のイメージからは
堅苦しさを想起します。
しかし主の定めは、楽しみ、と表現されます。
事実、主の定めは、私たちを縛るものではなく、
罪から自由にする恵みです。
主の定めに従うとき、楽しみつつ生き、
自由にされた喜びの中で「良い考え」を与えられて
歩むことができるようになります。

11/12 人の霊は病にも耐える力があるが　沈みこんだ霊を
誰が支えることができよう。 （箴言 18：14）

霊が沈みこんだとき、
それを誰も支えることはできません。
自分で鼓舞することもままなりません。
ただ神の愛と救いだけが
沈みこんだ霊を支えることができます。
救いは神からのみ来ます。
ただそれを信じさえすれば。

11

11/
13
だから、あなたたちも心を込めて、あなたたちの神、
主を愛しなさい。　（ヨシュア記 23：11）

心を込めて主を愛するよう勧められます。
口では簡単に主を愛すると言いますが、
言葉だけで終わってしまうことがあります。
心を込めて主を愛する、とは、
言葉でも行いでも主を愛するということです。
そしてそれは、
主が心を込めて私を愛してくださったことへの
感謝の応答にほかなりません。

11/
14
苦難から解き放ってください　憐れんで、祈りを聞
いてください。　（詩編 4：2）

苦しみを訴えることは、
決して不信仰ではありません。
苦しみの中で不平をつのらせるよりも、
苦難から救ってくださいと正直に
祈れる言葉が与えられている喜びを思います。
神は私の苦しみを放置し、見逃すお方ではない、と
信頼するからこそ祈ることのできる言葉です。
そして、この祈りの言葉が与えられていること
そのものに希望があるのです。

11

11／15

救いは、玉座に座っておられるわたしたちの神と、小羊とのものである。 （黙示録7：10）

救いは神のもの。だからこそ、その恵みを私たちに
　惜しみなくくださった神の愛がわかります。
救いは小羊であるキリストのもの。だからこそ、そ
　の恵みを、御自分が苦しみを引き受けることで私
　たちにくださった慈しみがわかります。
本来私たちが知ることも得ることもできなかったこ
　の救いの喜びを、私たちは恵みにより、価なしに
　いただきました。
救われた私たちは、だから私を救ってくださったお
　方のために生きたいのです。

11／16

主よ、わたしの言葉に耳を傾け　つぶやきを聞き分
けてください。 （詩編5：2）

祈ることそのものが大事なことです。
主よ、つぶやきを聞き分けてください。
詩人がこのように訴えたとき、
つぶやき祈ることしかできないこと、
言葉が見いだせないことを経験し、知っています。
それでも詩人は、主は祈りを聞いてくださるという
　ことを知っています。
だから安心して、たとえつぶやくようにであっても、
　祈るのです。

11

11/17

それでわたしたちは、聖書から忍耐と慰めを学んで希望を持ち続けることができるのです。

（ローマ 15：4）

聖書から、すなわち神の言葉によって
私たちは忍耐と慰めを学びます。
それは、キリストの救いの確かさを知ることで
与えられる忍耐と慰めです。
主が私のために、私に代わって苦しまれました。
そして死なれ、復活し、死に勝利してくださいました。
この救いの事実に立っての忍耐と慰めです。

11/18

あなたは驚くべき計画を成就された　遠い昔からの揺るぎない真実をもって。　（イザヤ書 25：1）

主の計画は成就されました。
約束が、しかも遠い昔からの約束が成就されました。
約束を破る不誠実な人間に対してさえ、
主は誠実に約束を果たされました。
私たちは、その恵みと憐れみによって
救いの成就の中に招き入れられています。
そして喜びと感謝に満ちて生きる者となったのです。

11

11/19
サラは……言った。「わたしは笑いませんでした。」
主は言われた。「いや、あなたは確かに笑った。」

（創世記 18：15）

主に対してさえ偽りを語る口を人は持っています。
主に対しては隠し事はできないのに、なおも隠そう
　とする愚かさに私たちは生きています。
その罪深さを知るゆえに、主は私たちを救おうとし
　てくださり、罪から逃れて生きる救いの道の喜び
　を示してくださったのです。
それゆえに、救われた者は主の前で誠実な口をもっ
　て歩みたいと願うようになるのです。

11/20
主を畏れ敬うこと、それが知恵　悪を遠ざけること、
それが分別。　（ヨブ記 28：28）

人の知恵は、
主を畏れ敬うことを知恵と思いません。
むしろ、自分の利益になること、
自分を満足させるものを知恵とみなします。
そして、自分が幸せになるためなら
悪に近づくことも容認します。
しかしそこに平安はありません。
主を畏れ敬うことを最も重要なものとするときこそ
私たちは平安を得るのです。

11

11/21

あなたの富のあるところに、あなたの心もあるの
だ。　（マタイ6：21）

あなたが大切にしているものに
あなたの心がある、と言われます。
富や地位、名誉、知識、学歴、仕事などをあなたが
　大切にしようとしているなら、それがあなたの神
　になるのであって、まことの神から離れている、
　と告げられます。
けれども、あなたが神を最高の富として信じるなら、
　あなたの心は神と共にあり、あなたは喜びをもっ
　て生きることができるのです。

11/22

それは確かにわたしも知っている。神より正しいと
主張できる人間があろうか。　（ヨブ記9：2）

神より正しい人間はいない。
自明でありつつ、それを認めないのが人間です。
神にまさるお方はいないのに、
私たちは神なしで生きられると驕り、
神の力にかなう力はないのに、
自分の努力で何でもできると不遜になります。
だからあえて言えば、
自分の力や可能性を諦め、捨ててこそ、
真の希望に生きることができるのです。

11

11/23

しかし、わたしの言葉を受けた者は、忠実にわたしの言葉を語るがよい。　（エレミヤ書 23：28）

主が私のことを愛するとおっしゃってくださるから、私も主を愛すると語ります。

主が私の罪を赦すとおっしゃってくださるから、私も主に向かって罪をお赦しくださいと祈ります。

主の語りかけに対して忠実に応答します。

自分に忠実であるよりも主に忠実であることを願います。

やがて主の愛と救いを語ることが喜びとなり、主の愛と救いに生きることが希望となり、主の前にひれ伏すときがすべてにまさる恵みとなるのです。

11/24

そのころわたしダニエルは、三週間にわたる嘆きの祈りをしていた。　（ダニエル書 10：2）

嘆きが去らないことがあります。

どれだけ訴えても、

嘆きから解放されないことがあります。

そのとき私たちの心は萎え、

神に向かって祈り、訴えることも億劫になります。

嘆いてもいいのです。

億劫でもいいのです。

嘆きながらも訴えるその祈りの中に、やがて、

応えてくださる主の希望が

立ち上がってくるのを見るでしょう。

11

11/25

どうか、わたしの言葉を聞いてくれ。聞いてもらうことがわたしの慰めなのだ。　（ヨブ記 21：2）

聞いてもらうことが慰め。
聞く前に口を出し、言葉をさえぎることが
人の心を萎えさせます。
聞いてもらうことが慰め。
上手に言葉を紡げないでいるときに
静かに耳を傾ける姿が慰めになります。
聞いてもらうことが慰め。
私たちは、どんな祈りの言葉も静かに聞き
受け入れてくださるお方を知っています。
それゆえに、祈ることそのものが慰めなのです。

11/26

塵は元の大地に帰り、霊は与え主である神に帰る。
（コヘレト 12：7）

人の空しさと、人生の空しさを忘れず、
むしろ心に留めるよう告げられます。
人の空しさを知る者が空しさを超えた、
恵みに満ちた生き方に導かれます。
人の空しさを知らない者が
かえって空しい生き方に陥ります。
空しさを知る者が空しさを逃れ、
空しさから逃げる者が空しさに捕らわれるのです。
神に帰る。この空しくない事実が
私たちの人生を導く言葉になります。

11

11／27 キリストがすべてであり、すべてのもののうちにおられるのです。　（コロサイ 3:11）

すべてにおいてキリストがおられる、という視点を
持つことが大切だと言われます。
キリストがおられるという視点を欠くとき、神に対
して不遜でわがままになり、隣人に対して傲慢に
なり、自分自身に対して卑屈になります。
キリストがすべてにおいておられると信じるとき、
私たちは神に対して謙遜に応答する者となり、隣
人に対して愛と柔和をもって接する者となり、自
分自身に対しては赦された存在となった喜びを味
わいます。
このように、キリスト抜きで考えるのか、キリスト
がおられると考えるのかで、愛と希望は大きく変
わります。

11／28 わたしはお前の罪を取り去った。晴れ着を着せてもらいなさい。　（ゼカリヤ書 3 : 4）

罪を取り去られたとき、
喜びの晴れ着をまとうことができます。
キリストによって罪を赦されたとは、
キリストという衣を身にまとったと言えます。
キリストという晴れ着は私を喜ばせ、
私の心を楽しみで満たします。
罪を赦されて生きる、とは、このように喜びで満ち
た歩みを約束しているのです。

11

11/29 身を慎んで目を覚ましていなさい。

（Ⅰペトロ5：8）

目を覚ましているだけではなく、
身を慎んで、と言われます。
それは、いつでも主に仕える用意をして、
という意味と理解することができます。
主に仕える準備ができているから、
そして目を覚ましているから、
いつでも主に応えることができます。

11/30 喜びと楽しみが彼らを迎え　嘆きと悲しみは逃げ去
る。　（イザヤ書35：10）

主のもとに帰って来るとき、
喜びと楽しみが迎え入れます。
日々の歩みがどれほど苦しく、
不安に満ちていたとしても、
主を礼拝するために主のもとに帰って来るとき、
喜びと楽しみが迎え入れてくれます。
この恵みによって嘆きと悲しみは逃げ去ります。

11

12 / 1　一生の間、あなたの行く手に立ちはだかる者はない
であろう。　（ヨシュア記 1：5）

立ちはだかる者が二度と現れないわけではありませ
ん。
立ちはだかっても、あなたの歩みを止めることので
きる者はいない、ということです。
主が共におられるなら、立ちはだかる者を前にして
も、立ちはだかっていないように生きることがで
きます。
主が共におられるという恵みは、困難のない歩みな
のではなく、困難を困難としない歩み、困難は必
ず取り除かれるという約束に満ちた歩みです。

12 / 2　一緒に行った者たちは民の心を挫きましたが、わた
しはわたしの神、主に従いとおしました。

（ヨシュア記 14：8）

主に従わないことによって、
人の心を挫くことがあります。
主の利益ではなく、自分の利益を追求するとき、
その行為は、人の心を挫きます。
すなわち、
主を重んじる心と言動は人々の心を励まし、
反対に、主を軽んじる心と言動は、
人々の心を挫くのです。

12

12／3　御名を畏れ敬うことができるように　一筋の心をわ
たしにお与えください。　（詩編86：11）

私たちが喜びをもって生きるために必要なことは
主の御名を畏れ敬うことです。
私たちが不安に支配されることなく生きるためにも
主の御名を畏れ敬うことが必要です。
それゆえに、主を畏れ敬う心を詩人は求めました。
この信仰に立つなら、
感謝と喜びに溢れて生きることができるからです。

12／4　わたしの愛にとどまりなさい。　（ヨハネ15：9）

キリストの愛にとどまるとき、
私たちは愛されている喜びに満たされます。
しかも、冷めることも尽きることもない愛によって
愛され続けている喜びを味わいます。
キリストは私を愛することを決してやめません。
この信頼のゆえに、
苦しみの日々の中にあっても平安を失うことなく、
私たちはその愛によって生かされ続けるのです。

12

$\frac{12}{5}$ あなたたちは喜び祝いながら出で立ち　平和のうちに導かれて行く。　（イザヤ書 55：12）

主の言葉に聞き従うとき、
私たちは喜びのうちに歩み出すことができます。
主の言葉に慰めを見いだすとき、
私たちの心は平和になります。
しかし、主の言葉を求めず、
自分の言葉に従う罪の中で、
私たちは喜びを失います。
だから、主の赦しの言葉、
主の愛の言葉を求めることが、
私たちの歩みを平和にするのです。

$\frac{12}{6}$ 散らしてなお、加えられる人もあり　締めすぎて欠乏する者もある。　（箴言 11：24）

ある神学者は、愛は浪費するもの、と語りました。
それは、自分のための浪費ではなく、
隣人のための出費という意味です。
隣人のために惜しまない者は、愛ゆえに祝福され、
隣人のために惜しむ者は、自己愛ゆえに欠乏する。
聖書の語るこの指針の前で、
愛に生きることの難しさを思う一方、
愛に生きる喜びと希望を確信させられるのです。

12

12 / 7 主に従う人はとこしえに揺らぐことがない。彼はと
こしえに記憶される。 （詩編112：6）

とこしえに記憶される、との恵みが
いかに大きな恵みであるかを軽んじる罪があります。
罪は、とこしえに記憶されることよりも
今この時の幸いを求めるからです。
しかし救われた者は、とこしえに記憶されることが
とこしえに祝福されることだと知っているので、
一時的にはどのような歩みとなっても、
感謝と希望をもって
揺らぐことなく生きる者となるのです。

12 / 8 主の霊を測りうる者があろうか。主の企てを知らさ
れる者があろうか。 （イザヤ書40：13）

主のはかりごとを私たちは知ることができません。
それなのに私たちは、
主の思いよりも、自分の考えを優先します。
だから自分を中心にして信仰を考える者は、
悩みと迷いと不安を大きくし、
主を中心にして信仰をとらえる者は、
主の恵み深い御旨を信頼して
喜びと平安を大きくするのです。

12

12/9

あなたがたも祈りで援助してください。

（Ⅱコリント 1：11）

祈りによって支えられていることを知っている者は、
苦難の中でも絶望しません。
祈りによって支えられる恵みを知っている者は、
苦難の中でも感謝に導かれます。
そして祈られている力を信じる者は、
希望をもって歩むことができます。
信仰の友が祈ってくれているだけではなく、
主御自身が私のために祈ってくださっていると
知っているからです。

12/10

あなたがたは最も聖なる信仰をよりどころとして生
活しなさい。 （ユダ20）

生活する上で何を一番大切にしているかで
その人のよりどころがわかります。
よりどころが信仰であるとき、
その人の生活には御言葉と共に生きる喜びがあり、
信仰以外のときには、
その人の生活には傲慢と不安がつきまといます。
それゆえに、
生活のよりどころを信仰に求めることは、
主が最も求められることなのです。

12

12/11

主は御言葉を遣わして彼らを癒し　破滅から彼らを
救い出された。　（詩編107：20）

主の御言葉は癒やしです。主の御言葉を聞かなけれ
　ば癒やしはありません。
主の御言葉は破滅からの救いです。主の御言葉を聞
　かなければ破滅の道を歩むしかありません。
主は私たちが癒やされないこと、破滅の道を歩むこ
　とを望みません。
だから御言葉に聞くようにと、常に私たちを呼び、
　招いてくださいます。
主の招きを拒む罪を悔い改めて主の御言葉の前に喜
　びと共に集いましょう。

12/12

陰府も滅びの国も飽き足りることがない。人間の目
も飽き足りることがない。　（箴言27：20）

人間の欲は際限なく続きます。
しかし、人の欲は満足することを知りません。
いつも足りていない、と訴えます。
そして、欲望に欲望を重ね、
神の前から、また神の恵みから離れていきます。
この欲望の恐ろしさを知るから、
主こそ私を満足させてくださる方であるとの、
告白がいかに大切なものかがわかります。

12

12/13

見よ、わたしはあなたを　わたしの手のひらに刻み
つける。　（イザヤ書 49：16）

主の手のひらに私の名が刻みつけられる。
それは、主は私の名をいつも確認し、
思い出してくださるということです。
このように、
私の名が主の手のひらに刻み込まれています。
だから、「わたしの愛する子」との呼びかけが
どれほど恵みに満ちた言葉であるかがわかるのです。

12/14

わたしは黙し、口を開きません。あなたが計らって
くださるでしょう。　（詩編 39：10）

言葉を語り、罪を重ねることを避けるため、
黙し、口を開かない場合があります。
言葉を連ねることが、
常に正しいわけではありません。
なぜなら、言葉は真実を明らかにするだけでなく、
真実を隠す場合もあるからです。
主がすべてを計らい、明らかにしてくださいます。
私たちはこの信頼に立って、
時に黙して口を閉ざすのです。

12

$\dfrac{12}{15}$ わたしたちの交わりは、御父と御子イエス・キリストとの交わりです。　（Ⅰヨハネ1：3）

御父と御子は、同一本質のお方です。
その交わりが、
私たちクリスチャンの交わりであると述べられます。
すなわち、御父と御子が同一本質であるように、
隣人を自分のように、また
自分を隣人のようにとらえる交わりです。
喜びも悲しみをも分かち合い、
隣人を自分のように、また
自分を隣人のように慈しみ、愛をもって、
建てあげるのです。

$\dfrac{12}{16}$ 人の顔色をうかがってはならない。

（申命記1：17）

裁判における教えの中で語られた言葉の一つです。
しかし、ここには日々の私たちのありようが示唆されています。
人の顔色をうかがうのは、神の思いに心を向けていないからです。
人の顔色をうかがうのは、神の御旨より、人の企てが優先すると考えているからです。
だから、神に信頼する者は、人の顔色ではなく、神の意思がどこにあるのかを懸命にうかがうのです。

$\frac{12}{17}$ 朝ごとに、我らの腕となり　苦難のとき、我らの救いとなってください。　（イザヤ書33：2）

苦難の中で、主を呼び求める幸いが与えられています。

そして朝ごとに、すなわち毎日毎朝、今日の一日が守られるように、また助けの中にあるようにと、私たちは祈り求めることができます。

一日たりとて主の助けなしに生きられない私たちです。

だからこそ、毎日、助けてくださいと祈って一日を始められる恵みをいただいていることが、主を信じ、主に救われた者の幸いなのです。

$\frac{12}{18}$ 主を捨てて、ほかの神々に仕えることなど、するはずがありません。　（ヨシュア記24：16）

するはずがない。

この約束の言葉ほどあてにならない言葉はありません。

それほどに人間の罪は深く、

罪に対する弱さがあるからです。

しかし、主に仕えること以外に喜びはありません。

だからこそ、たとえ罪を犯しても、

繰り返し悔い改め、くじけずに何度も悔い改め、

主のもとに立ち帰って生き続けるのです。

12

12/19

イスラエルの人々よ　それがお前たちの好んでいる
ことだと　主なる神は言われる。　（アモス書4：5）

主の好むことを望まず、
私の好むことばかりを望む罪があります。
しかも、私のことばかりを望む罪が、
どれほど主を悲しませているかに
気づかずにいます。
これは主が好まれることだろうか。
救われた私たちは、
いつもこの問いの前で、
感謝と悔い改めをもって歩むのです。

12/20

わたしたちに心を開いてください。

（Ⅱコリント7：2）

心を開くのは、信頼のしるしです。
心を開いてください、との願いは、
まず、自分が心を開くことから始まります。
自分が心を開かず、人に心を開くよう求めることは、
傲慢であって愛ではありません。
人に心を開くよう求める前に、
まず、自分が愛をもって信頼し、心を開くこと。
それが、イエスさまが私たちにしてくださったこと
　　だと、私たちは知っているのです。

12／21

いかに幸いなことでしょう　勝利の叫びを知る民
は。　（詩編89：16）

主の勝利を知る者は、
その力に守られている喜びを味わいます。
主の勝利に感謝する者は、
勝利によってもたらされる喜びに満ちます。
主は勝利者であり、
私たちにも勝利の恵みをくださいました。
何よりも、御子の復活の勝利が
罪と死に支配されている私たちを解放します。
この幸いに私たちは生かされています。

12／22

民はエルサレムに集まって一人の人のようになっ
た。　（エズラ記3：1）

礼拝をする民は、一人の人のようになります。
主への悔い改めと、主への賛美とに
誰もが等しく心と声を合わせるからです。
そして一人のようになった群れが
一人以上の力をもって主をたたえ、
礼拝する恵みを味わいます。
このように、
一人の人のように招かれ、集えることが
礼拝の喜びです。

12／23

もし神がわたしたちの味方であるならば、だれがわ
たしたちに敵対できますか。 （ローマ8：31）

「神がわたしたちの味方である」、との確信は、
私たちが喜びの中にあるときだけでなく、
苦しみや嘆きの中にあるときにも持つべき確信です。
それなのに、うれしいときには味方だったのに
苦しいときには見捨てた、敵となったと
不遜にも神を訴えることがあります。
神は、いつでも味方となってくださっています。
敵と思えたときも、実はずっと
味方でいてくださったのです。

12／24

世は言によって成ったが、世は言を認めなかった。
（ヨハネ1：10）

イエス・キリストを認めない罪。
神を神としない罪。
この罪に私たちは支配され、この罪のゆえに希望を
　持てなくなり、迷いを深くします。
それなのに迷っていないかのように
気丈に振る舞い、疲れを背負います。
キリストを認め、信じ、神を神として、罪を告白し
　ながら生きる喜びを知る者は、迷いも疲れも知ら
　ず、希望に導かれて生きることができるのです。

12

12/25

わたしは恵もうとする者を恵み、憐れもうとする者を憐れむ。 (出エジプト記 33：19)

一読して、承認しがたい言葉です。とまどいを覚え、神の愛を疑いたくなるような言葉でもあります。
私は神から恵まれる者、憐れまれる者だろうかという問いが頭の中を駆け巡ります。それでも、この不可解な言葉と向き合い続けるとき、神にすべての主権を置くことにこそ希望があると知ります。
その神の主権が、御子の降誕のへりくだりとなったことを思うとき、この承認しがたい言葉こそが私を慰め、戒め、喜びへと向かわせるのだと信じることができるようになりました。

12/26

主は高くいましても　低くされている者を見ておられます。 (詩編 138：6)

主のまなざしは、すべてを見渡します。
低い所、隠れた所もその視野の中にあります。
罪に悩み、落ち込んで低い所にいて主を見上げることができなくても、主は見ていてくださいます。
罪に苦しみ、主から身を隠していようとも、主は見ていてくださいます。
あなたの罪、あなたの労苦を知っています。
そう告げ、赦しと希望の道を示してくださいます。
この主のまなざしの中で生きることが喜びとなるのです。

12

12/27

翼を広げた鳥のように　万軍の主はエルサレムの上
にあって守られる。これを守り、助け、かばって救
われる。　（イザヤ書31：5）

主は私たちをかばって救われる方です。
私たちは、御子の十字架が、
私たちをかばってくださった業であることを
知らずにいました。
しかし、それを知らされたとき、私たちは
かばわれて助けられた身であることを知りました。
主によってかばわれ、助けられた命なら、
かばってくださった主のためにささげて生きる、
それが私たちの生き方となりました。

12/28

あなたはわたしの嘆きを踊りに変え　粗布を脱がせ、
喜びを帯としてくださいました。　（詩編30：12）

主を信じる者は、
嘆きが踊りに変わることを信じます。
だから嘆きが訪れることを恐れず、
嘆きの中にあっても落胆しません。
また悲しみが訪れることがあっても、悲しみが悲し
　みで終わらないと信じています。
どのようなときにも　絶望することなく、
希望をもって生きることができるのです。

12

$12/29$

あなたがたはわたしたちの心の中にいて、わたした
ちと生死を共にしているのです。

(Ⅱコリント7：3)

キリストに結ばれて歩む共同体は、喜びも苦しみも
　共有します。それは生死を共にすると告白できる
　ほどの強い結びつきです。なぜなら、人間同士の
　結びつきではなく、キリストが結びつけてくだ
　さった共同体だからです。
このキリストとの結びつきの中で、救われた者たち
　は、共に喜び、共に苦しみ、共に感謝しつつ生き
　ることができるのです。

$12/30$

わたしは悩みの中にあってうろたえています。わた
しは不安です。　(詩編55：3)

主に向かって弱音を吐くことは、
主を信頼しているゆえの祈りです。
私たちは主の前で
強い自分を演じる必要はありません。
大いに喜ぶときもあれば、
不安にさいなまれることもあるのが
信仰生活だからです。
大事なことは、どのような言葉を語っても
それを聞いてくださる方がおられる、との
信頼に生きることのです。

12

12/31

大切なのは、植える者でも水を注ぐ者でもなく、成長させてくださる神です。 （Ⅰコリント3：7）

信仰の歩みにおいて大切なのは、
人ではなく神です。
なぜなら、人は有限であり
神は永遠だからです。
そして、
人を重んじる者は永遠の恵みを見失い、
神を重んじる者は永遠の恵みに生きます。
それゆえに、成長させてくださる神に
私たちはすべての期待を寄せているのです。

あとがき

　一日でも多く、一人でも多くの人に聖書の言葉に
出会ってほしい、という願いから、希望者にメール
で聖句を届ける、ということを始めました。
　メールでの配信にしたのには理由があります。聖
書は読んでほしいけれど、いつも聖書を持ち歩くの
は難しい。それならば、誰もが持ち歩く携帯電話に、
朝、メールで聖句を送れば、通勤や通学の時間、あ
るいは仕事が始まる前の隙間の時間に読んでもらえ
るかもしれないし、遅くとも昼休みには読んでもら
えるかもしれない。そうすれば聖書のたった一節で
あっても日々触れることができると考えたからです。
　聖句を送るだけでも良かったのですが、それでは
短すぎるのでショートメッセージを添えることにし
ました。こうして月曜日から金曜日の朝、決まった
時間に聖句とショートメッセージを送ることになり
ました。ふり返れば10年以上続いています。この
間、多くの方々に喜ばれるものとなったことは幸い
でした。
　メール配信ですから読んで終わるだけで十分だと
思っていましたので、それが本になるとは考えもし
ませんでした。しかしこのたび蕃山町教会の河田直
子長老、鎌倉雪ノ下教会の望月克仁長老のご尽力と、
出版局の伊東正道さんの励ましによって出版の運び

となりました。

　ショートメッセージの中には、私自身がどこかで読んで記憶に残っている説教者の言葉や神学者の言葉、また類似した文言があると思います。本来ならばすべてきちんと調べて出典を明記すべきなのですが、記憶をたどる困難な作業になってしまいますから関係諸氏の方々には御海容いただきたく願うものです。

　本書が少しでもお役に立てたら幸いです。

　最後になってしまいましたが、私個人の発案で始めたこの業を教会の宣教の一環としてサポートしてくれている蕃山町教会の教会員をはじめ、配信の登録をしてくださった皆さま、そしてつたない働きをいつも祈りをもって支えてくれている妻に心から感謝して。

2021 年 8 月

　　　　　　　　　　　　　　　　　服部　修

服部　修（はっとり・おさむ）

Hattori Osamu

1967 年　静岡県富士市に生まれる。
1986 年　東京神学大学入学。
1992 年　東京神学大学修士課程修了（専攻；歴史神学）。
1992 年　日本基督教団洗足教会に伝道師として着任。
1995 年　東京神学大学博士課程中退。
1996 年　日本基督教団駿府教会に主任担任教師として赴任。
2004 年　日本基督教団蕃山町教会に主任担任教師として赴任。現在に
　　　　至る。

『信徒の友』に連載があるほか、『教師の友』『アレテイア』（共に日本
キリスト教団出版局発行の雑誌）にも執筆。また訳書に『初期キリス
ト教信条史』（一麦出版社）がある。

装幀・熊谷博人

カバー写真・小俣大己

日々のみことば——生きる力を得るために

2021 年 8 月 25 日発行　　　　　　　　　　　Ⓒ 服部　修　2021

　　　　　　　著　者　　服　　部　　　　修

　　　　　　　発行所　　日本キリスト教団出版局
　　　　　　　　　〒 169-0051　東京都新宿区西早稲田 2-3-18
　　　　　　　電話・営業 03（3204）0422、編集 03（3204）0424
　　　　　　　　　　　　　　　　　　　https//bp-uccj.jp/
　　　　　　　　　　　　　　　印刷・製本　三松堂

　　　　ISBN978-4-8184-1086-2　　C0016　日キ販
　　　　　　　　　　　Printed in Japan

一日一章
み言葉の放つ光に生かされ
加藤常昭 著

信仰の糧として読まれる聖書のみ言葉の光は私たちを射抜き、真実へと導く。著者の、伝道者としての長い歩みと経験から生み出されたショート説教に、新たな書き下ろしを加えた日毎の養いの書。
3400 円

日々新たに
みことばの糧
O. ハレスビー 著
鍋谷堯爾 訳

祈りは霊の呼吸であり、聖書は霊の食物である。1 年 366 日、信仰生活を日々に新しくするため、北欧の代表的神学者にして霊的指導者であるハレスビーがあなたに贈る、いのちを支える言葉の数々。
3800 円

聖書黙想 31 日
風は思いのままに
山本将信 著

西片町教会の牧師を長く務め、長野での牧会の傍ら、キング牧師の研究や農業を営むなど多彩な活動を行った山本牧師のショート・メッセージ 31。教会月報、メール配信「おとずれ」に掲載されたメッセージより。
1400 円

毎日の聖書と祈り
一日一祷
石井錦一、木下宣世、関茂、渡辺正男 著

信仰者の祈りの生活を支える書。毎月 1 日から 31 日まで、1 日 1 編の祈りとそれに相応しい聖句を掲げる。心に染み入る味わい深さは、4 人の牧師がかつて月刊誌『信徒の友』に巻頭の祈りとして掲載したものだから。
1200 円

まばたきの詩人
兄・水野源三の贈り物
悲しみよありがとう
水野源三 詩、小林惠 写真
林久子 著

幼い日に罹患した赤痢が原因で脳性麻痺となり、四肢の自由と言葉を失った源三少年。やがてその家を訪れた伝道者宮尾隆邦牧師によって信仰に導かれ、「まばたき」で信仰詩・賛美歌・短歌・俳句を作るようになった。妹の視線で見た源三の生涯。
1200 円